# ΛDHS

## EIN LEITFADEN ZUM VERSTEHEN UND VERWALTEN VON ADHS

### AMANDA ALLAN

# CONTENTS

# EINFÜHRUNG

Wahrscheinlich haben Sie schon einmal gehört, wie jemand sagte: "Tut mir leid, das ist nur mein ADHS", oder vielleicht haben Sie es selbst gesagt, wenn Sie abgelenkt waren oder sich nur schwer auf Ihre Arbeit konzentrieren konnten. Wenn man an ADHS denkt, stellen sich die meisten Menschen einen Jungen vor, der im Klassenzimmer herumhüpft und nicht stillsitzen kann. ADHS ist jedoch mehr als nur eine Schwierigkeit, sich zu konzentrieren, still zu sitzen und sich zu fokussieren.

ADHS steht für Aufmerksamkeitsdefizit-Hyperaktivitätsstörung. Das *Diagnostic and Statistical Manual of Mental Disorders (fünfte Auflage mit Textrevision)*, oder *DSM-V-TR*, ist der aktuelle goldene Standard für die Diagnose aller bekannten und anerkannten psychischen Störungen in den Vereinigten Staaten. Es ist auch das, worauf ich und die meisten Fachleute, die mit ADHS arbeiten, sich in erster Linie beziehen, wenn es um Symptome und Diagnosen geht.

ADHS ist eine neurologische Entwicklungsstörung, die mit Impulsivität, Unaufmerksamkeit und hyperaktivem Verhalten einhergeht. Dies kann zu Spannungen und Störungen in vielen verschiedenen Bereichen führen. Dies ist auf eine exekutive Dysfunktion zurückzuführen, d. h. die Teile des Gehirns, die für die Planung, Entscheidungsfindung und Ausführung von Handlungen zuständig sind, arbeiten nicht so, wie sie sollten. In gewisser Weise haben Menschen mit ADHS nicht die gleichen Filter für eingehende Reize und ausgehende Handlungen wie neurotypische Personen. Das führt dazu, dass sie sich leicht ablenken lassen, dass es schwieriger ist, sich zu konzentrieren, und dass es manchmal auch schwieriger ist, das eigene Verhalten bewusst zu kontrollieren. Ihre Gehirne verarbeiten einfach viel mehr Informationen auf einmal als die neurotypischer Menschen, und je nachdem, welcher Theorie man folgt, in einem viel schnelleren oder viel langsameren Tempo.

Es ist kein Geheimnis, dass die Meinungen über ADHS sehr geteilt sein können. Die einen halten es für eine Ausrede dafür, dass Kinder, die "faul" sind und "nicht gut erzogen" wurden, mit Medikamenten behandelt werden, damit sie von überlasteten Lehrern in schlecht entwickelten Bildungssystemen "leichter zu handhaben" sind. Eine andere Gruppe hingegen setzt sich für ADHS ein und ist der Ansicht, dass es sich um eine anerkennenswerte Störung mit bestimmten, wenn auch unklaren Ursachen handelt, die der Einzelne nicht ändern kann. Darüber hinaus gibt es heftige Meinungsverschiedenheiten über den Einsatz von Ritalin zur Behandlung von Menschen mit ADHS, insbesondere von Kindern.

Vielleicht kennen Sie einige Darstellungen von ADHS in den populären Medien. Eines der bekanntesten Beispiele ist Bart Simpson, dem in einer Folge von *The Simpsons* mit dem Titel "Brother's Little Helper" aus dem Jahr 1999 sogar Methamphetamin verschrieben wurde - nicht unähnlich dem Ritalin. Andere Beispiele sind Robin aus der beliebten Netflix-Serie *Stranger Things*, deren ADHS sich als sehr hilfreich erweist, und Stiles aus *Teen Wolf*, der das Aushängeschild für die hyperaktiv-impulsive Form von ADHS ist. Diese Figuren dienen oft als sozialer Kommentar - oder als komische Abwechslung -, obwohl Menschen mit ADHS im Alltag oft große Schwierigkeiten haben, zu funktionieren. Eine genaue Darstellung der psychischen Gesundheit ist wichtig, weil sie dazu beitragen kann, die Stigmatisierung zu verringern und die Handlungen und Kämpfe dieser Menschen zu normalisieren.

In diesem Buch gehe ich auf die Geschichte von ADHS ein, wie die Krankheit erkannt und benannt wurde und wie sich die Ansätze und Behandlungen im Laufe der Zeit entwickelt haben. Ich werde auch erörtern, wie ADHS diagnostiziert wird, welche Anzeichen und Symptome ADHS hat und wie sie sich zwischen den Geschlechtern unterscheiden. Ich werde die derzeit wichtigsten Theorien über die möglichen Ursachen von ADHS und ihre Auswirkungen auf das tägliche Leben vorstellen. In einem Kapitel über die Behandlungsmöglichkeiten von ADHS werden die derzeit verfügbaren Medikamente und die in der Therapie eingesetzten Strategien vorgestellt. Schließlich werde ich darauf eingehen, wie Sie jemanden mit ADHS unterstützen können, denn die Krankheit betrifft nicht immer nur den Einzelnen.

Dieses Buch soll als Einführung in die wichtigsten Aspekte von ADHS dienen und Sie mit genügend Wissen ausstatten, um sich selbst oder jemanden, den Sie kennen und bei dem ADHS diagnostiziert wurde, zu verstehen. Das Letzte, was jemand mit ADHS will, ist eine Wand aus einschüchterndem Text, also werde ich die Dinge so einfach wie möglich halten, ohne wichtige Details auszulassen.

Es ist wichtig, daran zu denken, dass jeder Mensch andere Erfahrungen mit ADHS macht, den Weg der anderen zu respektieren und freundlich und geduldig mit sich selbst zu sein, wenn bei Ihnen selbst ADHS diagnostiziert wurde.

# KAPITEL 1: EINE KURZE GESCHICHTE VON ADHS

## Was ist ADHS?

Die fünfte Ausgabe des *Diagnostic and Statistical Manual of Mental Disorders* (*DSM*) der American Psychiatric Association definiert ADHS als "ein anhaltendes Muster von Unaufmerksamkeit und/oder Hyperaktivität/Impulsivität, das die Funktionsfähigkeit oder Entwicklung beeinträchtigt". Es ist gekennzeichnet durch Unaufmerksamkeit, Hyperaktivität und Impulsivität. Es handelt sich um eine neurologische Entwicklungsstörung, d. h., es handelt sich in erster Linie um ein dysfunktionales neurologisches System, das die Entwicklung und die Funktionen des Gehirns beeinträchtigt, was zu Problemen bei der sozialen, intellektuellen und emotionalen Entwicklung und den Funktionen führen kann. Aus diesem Grund beginnt die Krankheit meist in der Kindheit, obwohl aufgrund der Unterschiede in der Schwere und Ausprägung der Symptome zwischen Jungen und Mädchen Jungen eher diagnostiziert werden als Mädchen.

## Die Geschichte von ADHS

Im Hinblick auf die Geschichte der Psychiatrie im weiteren Sinne ist ADHS eine relativ neue Entdeckung. Es gibt praktisch keine Texte oder andere Berichte, ob medizinisch oder anderweitig, die sich auf Symptome beziehen, die wir als Kennzeichen von ADHS vor dem späten 18. Jahrhundert kennen, im Gegensatz zu Hinweisen auf Zwangsstörungen, die bis ins Mittelalter zurückreichen, und Erwähnungen von Zuständen, die Depressionen ähneln, seit die Menschen begonnen haben, zu schreiben und Informationen aufzuzeichnen. Dies bedeutet jedoch nicht, dass ADHS nicht schon vor dem 18. Jahrhundert existierte, denn es gibt forschungsbasierte Beweise dafür, dass es eine genetische Komponente der Störung gibt.

Der Grund dafür, dass ADHS so "spät" entdeckt wurde, liegt in der Denkweise der meisten Menschen und in der Tatsache, dass sich ihr Lebensstil in dieser Zeit in einer Weise zu verändern begann, die die Symptome von ADHS problematisch werden ließ. Davor wurden die Verhaltensweisen von Menschen mit ADHS, wahrscheinlich aufgrund anderer Umstände und eines anderen Kontextes, nicht als Problem angesehen und blieben daher unbemerkt. Menschen mit ADHS waren sich nicht unbedingt darüber im Klaren, dass sie anders sind, so dass eine Behandlung nicht nötig war oder angestrebt wurde. Um das 19. Jahrhundert herum wurde der Schulbesuch gesetzlich vorgeschrieben, um Kinder vor der Ausbeutung als billige oder kostenlose Arbeitskräfte zu schützen, um sicherzustellen, dass alle die gleiche Grundbildung erhielten, und um die Kluft zwischen Arm und Reich zu verringern, indem allen die gleichen Chancen geboten wurden. Die industrielle Revolution führte auch zu einer Veränderung der Arbeitswelt: Im Laufe der Zeit bestand der Arbeitstag eines durchschnittlichen Menschen nicht mehr in erster Linie aus körperlicher Arbeit, da Maschinen diese Aufgaben übernahmen, sondern aus einer eher sitzenden "Schreibtischarbeit". Diese Situationen sind für Menschen mit ADHS nicht immer die produktivsten, und Verhaltensweisen, die zuvor keine Sorgen bereitet haben, werden plötzlich störend und problematisch. Einfach ausgedrückt: Die neurotypische Welt entwickelte sich weiter und ließ neurodiverse Menschen ohne Unterstützung zurück, weil sie von ihnen erwartete, sich zu verändern oder zurückzubleiben.

## 18. Jahrhundert

Melchior Adam Weikard, ein deutscher Arzt, war wahrscheinlich der erste, der in der medizinischen Literatur über ADHS schrieb, denn er beschrieb viele der unaufmerksamen Symptome von ADHS in seinem Lehrbuch *Der Philosophische Arzt* von 1775. Er empfahl, die übermäßig stimulierte Person von allen Geräuschen und ablenkenden Gegenständen fernzuhalten und sie in einen ruhigen, dunklen Raum zu bringen, damit sie sich beruhigen kann, wenn sie hyperaktiv ist. Darüber hinaus empfahl er die Behandlung mit bestimmten Stimulationsarten wie kalten Bädern, Mineralwasser, Reiten und gymnastischen Übungen, um die Nerven im Wesentlichen wieder in Einklang zu bringen. Auch wenn einige seiner Empfehlungen bizarr erscheinen mögen, hat Weikard richtig erkannt, dass Überstimulation ein Auslöser für bestimmte Symptome ist.

Es gibt auch ein Kapitel, das ein schottischer Arzt, Alexander Crichton, in seinem 1798 erschienenen Buch *Inquiry into the Nature and Origin of Mental Derangement* geschrieben hat. Das Kapitel mit dem Titel "Attention and Its Diseases" (Aufmerksamkeit und ihre Krankheiten) beschreibt nicht nur einen Zustand, der dem, was wir heute als ADHS kennen, sehr ähnlich ist, sondern seine philosophische Sichtweise ist sehr interessant und ähnelt den jüngsten psychologischen Ansätzen zu ADHS. In diesem Kapitel beschreibt Crichton die Symptome der Unaufmerksamkeit: "Diese Personen sind nicht in der Lage, sich kontinuierlich auf ein einziges Thema zu konzentrieren, wenn dies erforderlich ist, weil sie durch eine Art innerer Störung von einem Thema oder einer Tätigkeit abgelenkt werden." Er nannte es geistige Unruhe, ein passender Begriff für die Denkprozesse von Personen mit ADHS. Hyperaktivität muss sich nicht immer auf körperliche Hyperaktivität beziehen, sondern kann auch "hyperaktive Gedanken" bedeuten. Außerdem beklagte er sich darüber, wie schlecht sich das Umfeld auf diese Menschen eingestellt habe. Obwohl sie intelligent und fähig seien, könnten eine falsche Schulbildung und ein unversöhnliches Umfeld sie zu problematischerem Verhalten verleiten oder dazu führen, dass sie sich gegen das Lernen insgesamt auflehnen, anstatt die natürlichen Interessen und Talente zu erkennen und zu fördern, die ihnen zu Erfolg und Glück verhelfen.

Leider wurden Weikards und Crichtons Erkenntnisse über ADHS oder ADHS-ähnliche Symptome, so weit sie ihrer Zeit auch voraus waren, nicht allgemein anerkannt. Im Fall von Crichton war ein großer Teil seines Buches philosophischer Natur und wurde nicht als "wissenschaftlich genug" angesehen.

# 19. Jahrhundert

Heinrich Hoffmann war ein deutscher Arzt, der in den 1840er Jahren auch ein Kinderbuch mit dem Titel *Struwwelpeter: Fröhliche Geschichten und lustige Bilder"* mit der Absicht, seinen Sohn zu unterhalten und ihm durch seine Gedichte vielleicht wichtige Lebenslektionen zu vermitteln. Eines dieser Gedichte handelt von einem "wilden" und "ungezogenen" Jungen namens Fidgety Phillip, der auf seinem Stuhl reitet und dann umkippt und eine Sauerei macht (1962). Viele Wissenschaftler glauben, dass die Figur von Patienten inspiriert wurde, denen Hoffmann selbst begegnet war, und dass dies die erste fiktionale Beschreibung einer Figur mit ADHS war. Ob die Erwähnung eines hyperaktiven Jungen, der auf einem Stuhl herumspielt, ausreicht, um bei Fidgety Phillip ADHS zu diagnostizieren, ist natürlich umstritten, aber das Gedicht wurde von Psychiatern, Klinikern und Historikern der ADHS ausreichend diskutiert, um es erwähnenswert zu machen.

# 20. Jahrhundert

## 1902

George Still, einer der ersten Kinderärzte Großbritanniens, galt lange Zeit als der erste, der ADHS in der medizinischen Literatur beschrieb, bis die Schriften über ADHS-ähnliche Symptome im Lehrbuch von Weikard entdeckt wurden. Im Jahr 1902 sprach Still über seine Patienten und deren Unfähigkeit, sich aufgrund ihrer schlechten Moral zu beherrschen, und sagte, dass sie ohne ihr normales Intelligenzniveau als geisteskrank gelten würden. Mit anderen Worten: Still sah das ADHS-ähnliche Verhalten seiner Patienten als eine Störung der Moral im Gehirn an, und das impulsive Verhalten, das sie zeigten, war auf einen Mangel an Gewissen zurückzuführen. Obwohl ihr Verhalten impulsiv war und sie hyperaktiv wirkten, stellt die Heftigkeit ihres Verhaltens die Frage, ob sie nach modernen Maßstäben wirklich an ADHS litten. Moderne Kritiker weisen darauf hin, wie die viktorianischen Moralvorstellungen Stills Werk und Schriften beeinflussten und ein Hinweis auf die damalige Überzeugung sind, dass schlechtes Verhalten durch Hirnschäden verursacht wurde.

Still's Arbeit ist jedoch nach wie vor relevant und wichtig für die Geschichte von ADHS, weil sie den Fokus auf Kinder mit impulsivem, hyperaktivem und unaufmerksamen Verhalten lenkte, die ansonsten normal und intelligent waren. Sie leitete den Prozess der Identifizierung von Kindern ein, die ein Verhalten zeigten, das als störend für das schulische und soziale Umfeld angesehen wurde. Außerdem wurde es für die Verwaltungs- und Gesetzgebungsorgane immer wichtiger, Kinder in die Kategorien "fähig", d. h. neurotypisch, und "unfähig", d. h. geistig behindert und lernbehindert, einteilen zu können, um sie voneinander zu trennen und die "unfähigen" Menschen in Form von Heimen von der Gesellschaft fernzuhalten. Da aber Kinder mit ADHS in keine der beiden Kategorien passen, wurde eine neue Kategorie benötigt.

## 1917-1920

Von 1917 bis 1918 gab es eine Epidemie der *Enzephalitis lethargica*, auch bekannt als "Schlafkrankheit". Viele Kinder, die die Schlafkrankheit und die Grippepandemie von 1919-1920 überlebten, zeigten Symptome, die denen von ADHS ähnelten, und lange Zeit ging man davon aus, dass alle ADHS-ähnlichen Symptome auf eine Schädigung des Gehirns zurückzuführen waren, und nannte das Phänomen postencephalitische Verhaltensstörung. In Wirklichkeit hatten die Infektionen eine Art Schädigung oder Entzündung der Teile des Gehirns verursacht, die für die Wahrnehmung zuständig sind, was zu impulsivem, aggressivem und hyperaktivem Verhalten führte.

## 1930s

In den 1930er Jahren verwendete der Psychiater Charles Bradley ein schmerzhaftes (und glücklicherweise veraltetes) Verfahren namens Pneumoenzephalographie, um Röntgenaufnahmen vom Kopf seiner Patienten zu machen. Bei diesem Verfahren wurde eine große Menge des Liquors, der das Gehirn umgibt, aus dem Kopf seiner Patienten abgelassen und dann durch Sauerstoff oder Helium ersetzt, um die aufgenommenen Röntgenbilder klarer zu machen. Er verschrieb seinen Patienten ein Amphetamin, Benzedrin, um die Regeneration der Rückenmarksflüssigkeit anzuregen. Den Lehrern im Bradley-Heim fiel auf, dass die Kinder, die Benzedrin erhalten hatten, bessere schulische Leistungen erbrachten und sich auch besser benahmen. Bradley begann, die Kinder regelmäßig mit Benzedrin zu behandeln und veröffentlichte seine Ergebnisse im *American Journal of Psychiatry*. Trotz dieses vermeintlichen Durchbruchs dauerte es noch 25 Jahre, bis Amphetamine in großem Umfang zur Behandlung von ADHS eingesetzt wurden. Der Grund dafür ist, dass Bradleys Patienten als "krank" galten, so dass die Behandlung als nebensächlich angesehen wurde. In den 1930er Jahren gab es auch keinen offensichtlichen Bedarf für die Behandlung von ADHS, da die Menschen noch nicht einmal wussten, dass es diese Krankheit gab.

## 1950s

In den 1950er Jahren begann ADHS zu einem Problem für die Gesellschaft und das Bildungssystem zu werden, da sich die Ansichten darüber, was als "normal" galt, änderten. Menschen mit ADHS begannen, für sich selbst einzutreten, und leiteten schließlich den Prozess ein, dass ADHS von Fachleuten im Gesundheitswesen stärker anerkannt wurde.

## 1952

Die erste Ausgabe des *DSM* wurde 1952 von der American Psychiatric Association (APA) veröffentlicht, aber ADHS wurde darin nicht erwähnt.

## 1955

Ritalin, ein methylphenidathaltiges Psychostimulans, wurde 1955 von der Food and Drug Administration (FDA) zugelassen. In der Wissenschaft galt es als Wundermittel, als "Allheilmittel" für viele psychiatrische Erkrankungen, das auch älteren Patienten mit Depressionen Energie gab.

## 1957

Im Jahr 1957 wurden zwei wichtige Arbeiten veröffentlicht: eine von Maurice Laufer und Eric Denhoff und die andere von Gerald Solomons. In diesen Arbeiten wurde ein Zustand beschrieben, der "hyperkinetische Impulsstörung" genannt wurde. Bei ihren Untersuchungen konzentrierten sich Laufer und Denhoff vor allem darauf, wie sich die Hyperaktivität auf die schulischen Leistungen auswirkt, und sie empfahlen eine Behandlung mit Psychostimulanzien wie Ritalin. Was die Ursache dieser "frühen Form von ADHS" betrifft, so vermuteten sie, dass Schwierigkeiten während der Schwangerschaft und der Geburt sowie emotionale Faktoren in der frühen Kindheit die wahrscheinliche Ursache waren. Mit der Veröffentlichung dieser Arbeiten änderte sich die Auffassung, dass ADHS nicht mehr nur bei Kindern mit Hirnverletzungen auftritt, sondern dass auch normale Kinder davon betroffen sein können.

## Ende der 1950er Jahre

Um Lehrern und Gesundheitsfachkräften dabei zu helfen, Kinder mit psychischen Problemen zu erkennen und zu unterstützen, die Schwierigkeiten mit den Schularbeiten haben, wurde beschlossen, dass ein Mediator benötigt wird. So wurde der Schulberater geschaffen. Im Hinblick auf ADHS halfen sie dabei, Kinder mit ADHS zu identifizieren und ihren Eltern eine weitere Behandlung zu empfehlen. Darüber hinaus überwachten sie die schulischen Leistungen von Schülern mit ADHS und boten ihnen Unterstützung und schließlich Berufs- und Studienberatung an, sobald sie die Schule abgeschlossen hatten.

Die Aufgabe des Schulberaters bestand darin, Probleme bei Kindern zu erkennen und ein Sicherheitsnetz zu sein, das sie auffängt, wenn sie straucheln. Dadurch wurden die Lehrer entlastet, die diese Rolle vor der Einführung des Schulberaters bis zu einem gewissen Grad ausfüllen mussten.

## 1960s

In den 1960er Jahren wurde Ritalin aktiv zur Behandlung von ADHS verschrieben, aber seine Verwendung bei schizophrenen und depressiven Patienten ging rasch zurück.

ADHS wurde zu einem wichtigen Forschungsschwerpunkt und wurde schließlich 1968 im *DSM-II* als "hyperkinetische Reaktion des Kindesalters" anerkannt.

Aufgrund der vagen diagnostischen Kriterien, die damals zur Verfügung standen, wurde jedoch bei fast jedem Kind, das irgendeine Art von hyperaktivem oder störendem Verhalten zeigte, ADHS diagnostiziert, obwohl ein gewisses Maß an Unaufmerksamkeit, Impulsivität, hyperkinetischer Aktivität und störendem Verhalten für sich entwickelnde Kinder typisch ist. Es wurde auch zu einer "Ausrede" - ein beliebter Begriff, der als Erklärung für schlechte Erziehung verwendet wurde - und ADHS war in den 1960er Jahren in den USA fast eine Epidemie.

Die Notwendigkeit der USA, die Sowjetunion während des Kalten Krieges auszustechen, und die zunehmende Automatisierung vieler Industriezweige führten zu einem größeren Bedarf an akademischen Spitzenkräften im Gegensatz zu qualifizierten Arbeitskräften. Dieser kulturelle Wandel hatte die tiefgreifendsten Auswirkungen auf die Erforschung und Behandlung von ADHS.

Nachdem die Sowjetunion zwei Sputnik-Satelliten in den Weltraum geschossen hatte, machten amerikanische Politiker, Wissenschaftler und die Armee das Bildungssystem dafür verantwortlich, dass es nicht genügend hochintelligente Mitglieder der Gesellschaft hervorbringt, die in Mathematik, Physik, mehreren Sprachen und Technik ausgebildet sind. Dies führte zur Entwicklung eines akademischen Umfelds, das schlechte akademische Leistungen nicht tolerierte und strengere Richtlinien verfolgte, und plötzlich wurden die schüchternen Streber gegenüber den aktiveren und "weniger intelligenten" Schülern bevorzugt.

Die Schultage wurden länger, die Lehrpläne intensiver, und es wurden mehr Hausaufgaben verteilt, was für die meisten Kinder sehr schwierig ist, unabhängig davon, ob sie neurodivers sind oder nicht. Diese hohen Anforderungen erhöhten den Druck und den Stress auf die Kinder, ohne dass man denjenigen, die sich schwer taten, entgegenkam oder ihnen Mitgefühl entgegenbrachte. Bis in die 1950er Jahre brachen Schüler, die sich in der Schule schwer taten, die Schule ab, um eine Arbeit zu finden, in der Regel körperliche Arbeit, für die sie besser geeignet waren, aber neue Gesetze verboten es Schülern, die Schule vor einem bestimmten Alter abzubrechen, und es gab immer weniger Möglichkeiten für ungelernte und sogar qualifizierte Arbeit.

Bis heute wird ADHS stark mit schlechten schulischen Leistungen in Verbindung gebracht, obwohl Menschen mit ADHS genauso intelligent sind wie ihre neurotypischen Altersgenossen, da sich die allgemeine Struktur des Bildungssystems nicht geändert hat und nach wie vor großer Wert auf hohe akademische Leistungen und Hochschulabschlüsse gelegt wird.

Mit der Geburt der Babyboomer-Generation (zwischen 1946 und 1964 Geborene) begann der Kreislauf überfüllter Klassenzimmer und unterfinanzierter und unterbesetzter Schulen. Plötzlich drängte eine große Zahl von Kindern in das Bildungssystem, und die moderne Frau suchte nach anderen Beschäftigungsmöglichkeiten als dem Lehrerberuf und der Krankenpflege. Der Anstieg der Schülerzahlen, die Unterbesetzung und der Mangel an finanziellen Mitteln führten zu starken Spannungen und einer zunehmenden Intoleranz gegenüber "Problemverhalten", wodurch Kinder mit ADHS zu unglücklichen Zielscheiben von Disziplinarmaßnahmen wurden. In den 1960er Jahren herrschte die Meinung vor, dass Problemkinder identifiziert, diagnostiziert und behandelt werden müssten, um neurotypischen Standards zu entsprechen.

## 1970s

In den 1970er Jahren nahm die ADHS-Panik weiter zu, aber mit dem Ende des Kalten Krieges und im Gefolge des Vietnamkrieges ging der Bedarf an "besseren Schülern" weiter - diesmal, um den Terror zu bekämpfen und die Position der USA als wirtschaftlicher und politischer Riese zu behaupten. Anstatt nur mit den Sowjets zu konkurrieren, traten die Schüler nun auch gegen chinesische, indische und brasilianische Schüler an.

## 1980

In der dritten Auflage des *DSM* wurde 1980 die "hyperkinetische Reaktion in der Kindheit" in Aufmerksamkeitsdefizitstörung (ADD) umbenannt. ADD wurde weiter in zwei Subtypen unterteilt: ADD mit Hyperaktivität und ADD ohne Hyperaktivität. Die Erforschung von ADHS wurde fortgesetzt, da die Bedenken, die mit der Krankheit verbunden waren, nicht nachließen. Das Verständnis für ADHS verbesserte sich außerhalb des sozialen und akademischen Bereichs, während Eltern, die Regierung und Pharmaunternehmen sich für pharmazeutische Interventionen einsetzten.

## 1987

Im Jahr 1987 überarbeitete die APA das *DSM-III* und änderte den Namen ADD in ADHS und fügte eine Liste von Symptomen und drei identifizierten Subtypen hinzu. Bei den Subtypen handelt es sich um den kombinierten ADHS-Typ, den vorwiegend unaufmerksamen ADHS-Typ und den vorwiegend hyperaktiven und impulsiven ADHS-Typ. Diese Einteilung ist in jeder nachfolgenden Ausgabe unverändert geblieben.

## 1994

Im Jahr 1994 wurde das *DSM-IV* mit einem aktualisierten Abschnitt über ADHS veröffentlicht, um den aktuellen Stand der Forschung besser widerzuspiegeln und spezifischere Leitlinien für die Diagnose zu erstellen, ohne dass es zu einer Überdiagnose kommt.

# 21. Jahrhundert

## 2013-2022

Die fünfte Auflage des *DSM* wurde 2013 veröffentlicht und wie seine Vorgänger aktualisiert, um den neuesten Forschungsergebnissen zu ADHS besser zu entsprechen. Eine Textrevisionsversion des *DSM-V* wurde 2022 veröffentlicht, um veraltete Informationen zu korrigieren.

Die Panik um ADHS hat etwas nachgelassen, und stattdessen hat die Kontroverse darüber, ob es sich um eine echte psychische Störung handelt, zugenommen. Im Laufe der Zeit wurden verschiedene Theorien darüber aufgestellt, ob ADHS eine Ausrede für Eltern ist, um sich vor disziplinarischen Pflichten zu drücken, ein Grund, warum Lehrer ihre Klassenzimmer nicht besser kontrollieren konnten, oder ein fiktiver Zustand, der von Pharmaunternehmen geschaffen wurde, um mehr Geld zu verdienen. Diese Theorien führten zu einer größeren Skepsis gegenüber ADHS als Ganzes. Die Menschen begannen auch, den Einsatz von Psychostimulanzien zur Behandlung von Kindern zu kritisieren, da diese oft schon in sehr jungen Jahren verabreicht wurden, obwohl sie viele schreckliche Nebenwirkungen hatten.

Der Missbrauch von Methylphenidat ist ebenfalls weit verbreitet und wird von einigen als Appetitzügler zur Gewichtsabnahme und von Studenten zum längeren Lernen und zur Bewältigung des strengen Studienalltags eingesetzt. Aufgrund seiner stimulierenden Wirkung und seines Suchtpotenzials ist Methylphenidat inzwischen auch zu einer Freizeitdroge geworden.

Positiv zu vermerken ist, dass das Diagnoseverfahren verfeinert wurde, um Fehldiagnosen von Kindern zu verhindern, die lediglich energiegeladen oder unaufmerksam sind und im normalen Bereich liegen. Weitere Kriterien stellen sicher, dass andere Erkrankungen mit ähnlichen Symptomen einer kognitiven Dysfunktion wie Autismus, Angststörungen und Tic-Störungen ausgeschlossen werden, bevor die Diagnose ADHS gestellt wird.

Die Behandlung hat sich ebenfalls verbessert, da der Schwerpunkt nun stärker auf Therapie, Änderung der Lebensweise und Umgang mit Umweltfaktoren liegt und eine größere Auswahl an Medikamenten zur Verfügung steht.

Die Ansichten über ADHS sind nach wie vor umstritten. Dabei geht es insbesondere um die Befürchtung, dass Kinder, die sich in einem normalen Verhaltensbereich befinden, unnötigerweise diagnostiziert werden, um die zur Behandlung von ADHS eingesetzten Medikamente und um die Ursachen von ADHS.

## Die COVID-19-Pandemie

Kein historischer Bericht wäre vollständig, ohne auf die COVID-19-Pandemie einzugehen, die im Jahr 2020 ausbrach. Sie hatte nicht nur erhebliche

Auswirkungen auf das Gesundheitswesen, die Wirtschaft und die Arbeitsplatzsicherheit vieler Menschen, sondern auch immense primäre und sekundäre Auswirkungen auf die psychische Gesundheit weltweit. Viele Menschen entwickelten in dieser Zeit Depressionen und Angstzustände, was sowohl auf die Pandemie selbst als auch auf die von einigen Regierungen verhängten Beschränkungen zurückzuführen war.

Durch die weltweiten Abriegelungen und das Verbot von persönlichen Kontakten hatten Menschen mit ADHS keinen Zugang zu ihren üblichen Unterstützungsnetzen wie Schule, Familie und Therapie. Sie konnten auch keine Dienste aufsuchen, um eine Diagnose zu erhalten, und es dauerte lange, bis sie die benötigte Behandlung erhielten.

Als sich die Menschen damit abfanden, dass die Pandemie nicht in ein oder zwei Monaten vorbei sein würde, mussten neue Pläne für Bildung, Beratung und Arbeit gemacht werden. Viele nutzten Online-Dienste zur Interaktion aus der Ferne. Leider waren Menschen, die in ländlichen Gebieten oder Entwicklungsländern lebten oder keinen zuverlässigen Internetzugang hatten, im Nachteil.

Im Hinblick auf den Unterricht war die Umstellung schwierig, da die Interaktion zwischen Schüler und Lehrer nicht mehr auf demselben Niveau stattfand und viele Lehrer improvisieren mussten, um ihren Lehrplan an das neue Format anzupassen. Die Lehrer haben auch einen wertvollen Beitrag zur Beurteilung der ADHS-Symptome eines Schülers geleistet, indem sie die akademischen Leistungen und das Verhalten in der Schule bewerteten, was nun nicht mehr möglich war, so dass die Eltern diese Aufgabe übernehmen mussten. Ohne den Zeitplan und die Grenzen des schulischen Umfelds bestand für Kinder mit ADHS ein noch größeres Risiko, zurückzubleiben, wenn die Eltern nicht einsprangen, um einen neuen, geeigneten Zeitplan zu erstellen und sie dabei zu begleiten. In vielerlei Hinsicht könnte dies als positiv angesehen werden, da einige neurodivergente Kinder abseits der Ablenkungen eines Klassenzimmers aufblühten und nun in der Lage waren, in ihrem eigenen Tempo zu arbeiten, ohne den Zeitdruck, der normalerweise mit dem Schulbesuch verbunden ist.

Auch der Arbeitsplatz änderte sich in dieser Zeit dramatisch, da die Unternehmenspolitik es vielen Mitarbeitern erlaubte, von zu Hause aus zu arbeiten. Für Erwachsene mit ADHS war ein flexiblerer Zeitplan von Vorteil, da sie in ihrem eigenen Tempo arbeiten und sich frei bewegen konnten, ohne befürchten zu müssen, wegen "Nichtarbeit" verurteilt oder kritisiert zu werden. Der Wegfall von Ablenkungen im Büro, wie Lärm und Kollegen, verbesserte ebenfalls die Produktivität vieler Menschen. Für andere hingegen machte es der Wegfall der Struktur fast unmöglich, sich auf die Arbeit zu konzentrieren und Fristen einzuhalten.

Der Zugang zu Medikamenten wurde auch dadurch erschwert, dass der Zugang zu verschreibenden Ärzten nur noch in Notfällen möglich war und es in einigen Ländern zu Engpässen bei bestimmten Medikamenten aufgrund von Verzögerungen bei der Lieferung und Herstellung kam. In Fällen, in denen ADHS medizinisch behandelt werden musste, weil die Alternative ein negativeres Ergebnis zur Folge gehabt hätte, wurde den Ärzten geraten, die Medikamente zu verschreiben, ohne dass eine persönliche Beratung erforderlich war. Dabei handelte es sich natürlich um eine vorübergehende Maßnahme zur Bewältigung der ungewöhnlichen Umstände. Von einer Erhöhung der Dosis wurde jedoch abgeraten, bis die Herzfunktion der Patienten persönlich beurteilt werden konnte.

# KAPITEL 2: DIAGNOSE UND SYMPTOME

## Diagnose von ADHS

Die Methoden zur Diagnose von ADHS werden immer noch in Frage gestellt, aber hier werden die Diagnosekriterien nach dem *DSM-V-TR*, der wichtigsten Leitlinie für psychiatrische Erkrankungen in den USA und anderen Ländern, erörtert. Die *Internationale Klassifikation der Krankheiten*, die sich in ihrer 11. Revision (*ICD-11*) befindet, wird in Europa bevorzugt und wurde von der Weltgesundheitsorganisation (WHO) entwickelt. Wir werden kurz auf die Unterschiede zwischen dem *DSM-V-TR* und dem *ICD-11* sowie auf die anderen Diagnoseinstrumente eingehen, die derzeit von Psychiatern, Psychologen und anderen Fachleuten verwendet werden. Neben der Diagnose werden auch die Symptome von ADHS erörtert, da sie für den Diagnoseprozess entscheidend sind.

## DSM-V-TR

Nach dem *DSM-V-TR* kann ADHS nur diagnostiziert werden, wenn ein Muster von Unaufmerksamkeit und/oder Hyperaktivität und Impulsivität vorliegt und dieses Muster anhaltend ist. Mindestens sechs Symptome der Unaufmerksamkeit und/oder sechs Symptome der Hyperaktivität und Impulsivität müssen über einen Zeitraum von sechs Monaten anhalten und das normale soziale und schulische Funktionieren stören. Bei Personen, die 17 Jahre und älter sind, sind mindestens fünf Symptome für die Diagnose erforderlich.

Symptome für Unaufmerksamkeit sind:

- Flüchtigkeitsfehler und die Unfähigkeit, sich auf Details zu konzentrieren.

- Schwierigkeiten haben, sich über längere Zeiträume zu konzentrieren.

- Er scheint nicht zuzuhören, wenn er angesprochen wird, und ist bei Gesprächen unaufmerksam.

- Schwierigkeiten, Anweisungen zu befolgen und Projekte oder Aufgaben abzuschließen.

- Probleme mit der Organisation, der Festlegung von Prioritäten und der Einhaltung von Fristen.

- Vermeidung von Arbeiten, die uninteressant sind und/oder lange Zeiträume der ständigen Konzentration erfordern.

- häufig Dinge zu vergessen und zu verlegen.

- sich leicht durch äußere und innere Reize wie Geräusche, Farben und Gedankengänge ablenken lassen.

- Vergesslichkeit in Bezug auf Termine, Namen und damit verbundene Aktivitäten und Informationen.

Symptome für Hyperaktivität und Impulsivität sind:

- zappelig zu sein und nicht still sitzen oder stehen zu können.

- Schwierigkeiten haben, längere Zeit sitzen zu bleiben.

- die Vorliebe, zu rennen und zu klettern, auch in Situationen, in denen dies unangebracht erscheint; bei Jugendlichen und Erwachsenen kann sich dies als ein Gefühl der Unruhe äußern.

- Unfähigkeit, Tätigkeiten in Ruhe auszuführen.

- oft in Bewegung zu sein und sich zu bewegen.

- viel reden.

- häufiges Unterbrechen anderer, während sie sprechen oder mitten in einer Tätigkeit oder Aufgabe sind.

- Ungeduld und Probleme mit dem Warten.

- Antworten, bevor eine Frage abgeschlossen ist.

Dabei ist zu beachten, ob die Symptome vor dem 12. Lebensjahr auftreten, ob die Symptome in mehr als einer Umgebung auftreten (z. B. nicht nur in der Schule, sondern auch zu Hause), ob die Symptome das normale tägliche Funktionieren beeinträchtigen, z. B. das Erledigen von Aufgaben und die Fähigkeit, Freundschaften zu schließen, und ob die Symptome nicht durch eine Schizophrenie, eine psychotische Episode oder eine andere psychische Störung verursacht werden.

Es gibt drei Untertypen von ADHS, die in leichte, mittelschwere und schwere Formen eingeteilt werden können. Die drei Untertypen sind:

- überwiegend unaufmerksames ADHS - sechs oder mehr unaufmerksame Symptome und weniger als sechs Hyperaktivitäts- und Impulsivitätssymptome waren in den letzten sechs Monaten anhaltend vorhanden.

- überwiegend hyperaktiv-impulsives ADHS - sechs oder mehr Hyperaktivitäts- und Impulssymptome und weniger als sechs unaufmerksame Symptome waren in den letzten sechs Monaten anhaltend vorhanden.

- ADHS vom kombinierten Typ - sechs oder mehr unaufmerksame und sechs oder mehr hyperaktive und impulsive Symptome waren in den letzten sechs Monaten anhaltend vorhanden.

Die Schweregrade sind wie folgt:

- Leicht - die Symptome verursachen nur eine geringe Beeinträchtigung des täglichen Lebens.

- Mäßig - die Symptome verursachen eine Beeinträchtigung des täglichen Lebens, die nicht ganz leicht, aber auch nicht ganz schwer ist.

- Schwerwiegend - die Symptome beeinträchtigen das normale Alltagsleben erheblich.

Bei anderen diagnostischen Merkmalen von ADHS ist es wichtig, dass die Symptome vor dem Alter von 12 Jahren aufgetreten sind. Wenn diese Symptome nach dem 13. Lebensjahr auftraten, ist es sehr wahrscheinlich, dass sie auf eine andere psychische Störung oder die Nebenwirkungen von Drogenmissbrauch zurückzuführen sind. Wenn bei einem Erwachsenen eine ADHS-Diagnose gestellt werden soll, sollten die Informationen über das Verhalten und die Symptome in der Kindheit sowie die Symptome und das Verhalten der Person in verschiedenen Situationen von einer anderen Quelle, z. B. einem engen Freund oder Familienmitglied, bestätigt werden. Die Fähigkeit, sich an Details aus der eigenen Kindheit zu erinnern, sowie die eigenen Berichte über das Verhalten in verschiedenen Situationen können unzuverlässig sein, weshalb eine Bestätigung durch eine nahestehende Person erforderlich ist.

Menschen mit ADHS haben oft Schwierigkeiten, ihre Emotionen zu kontrollieren und zu regulieren. Sie neigen zu Wutausbrüchen, sind leicht erregbar, werden schnell frustriert und können in bestimmten Situationen emotional überreagieren.

Wenn eine Person mit ADHS ein ausgeprägtes Selbstbewusstsein hat, neigt sie auch dazu, sich zu entschuldigen und zu sehr darüber nachzudenken, wie ihr Verhalten auf andere Menschen wirkt. Sie suchen oft nach Sicherheit, um sich zu vergewissern, dass sie ihre Grenzen nicht überschreiten oder dass ihr Verhalten keine Probleme verursacht. Diese Menschen reagieren auch empfindlicher auf Ablehnung und Misserfolg und können stark beeinträchtigt sein, wenn sie glauben, dass sie abgelehnt werden oder bei einer Aufgabe versagen.

Obwohl Menschen mit ADHS nicht mehr oder weniger intelligent sind als neurotypische Menschen, neigen sie dazu, in der Schule und in ähnlichen akademischen Umgebungen sowie in Berufen, die lange Zeiten ununterbrochener geistiger Konzentration erfordern, schlechtere Leistungen zu erbringen. Solche Arbeitsumgebungen verschlimmern die ADHS-Symptome in hohem Maße und sind selten flexibel genug, um sie zu berücksichtigen.

Menschen mit ADHS neigen auch dazu, wichtige Treffen und Verabredungen zu vergessen und Fristen zu versäumen, was die Schwierigkeiten bei der Arbeit oder in der Schule noch verstärkt.

Obwohl Unaufmerksamkeit und mangelnde Konzentrationsfähigkeit Kennzeichen vieler Menschen mit ADHS sind, führt dies paradoxerweise zu einer Hyperfixierung auf ein einziges Thema oder eine Tätigkeit, die ihr Interesse weckt. Beispiele dafür sind das Spielen eines Videospiels oder das Bauen eines LEGO-Sets. In solchen Momenten verlieren Menschen mit ADHS jegliches

Zeitgefühl und können stundenlang "verschwinden", ohne zu bemerken, wie viel Zeit vergeht.

Bei Jungen wird ADHS eher in der Kindheit diagnostiziert, und es ist auch wahrscheinlicher, dass sie eine kombinierte oder hyperaktiv-impulsive Form von ADHS haben. Bei Mädchen wird die Diagnose eher in späteren Jahren oder sogar erst im Erwachsenenalter gestellt, und es wird eher eine unaufmerksame Form von ADHS diagnostiziert. Mögliche Gründe hierfür sind Unterschiede in der Darstellung der Symptome, mögliche Unterschiede in der zugrundeliegenden genetischen Veranlagung zwischen den Geschlechtern und die Tatsache, dass sich Mädchen insgesamt besser "anpassen" können als Jungen und tendenziell früher kognitive Fähigkeiten und Fähigkeiten zur Emotionsregulation entwickeln.

Die der ADHS zugrunde liegende Ursache ist noch weitgehend unbekannt; es ist jedoch unbestritten, dass die Hauptursache für die Symptome eine kognitive Funktionsstörung ist. Die kognitive Funktion bezieht sich auf die Fähigkeit des Gehirns, Gefühle, Handlungen und Entscheidungen zu regulieren. Wenn etwas in dieses System eingreift, kann es dazu führen, dass Menschen mehr oder weniger emotional, mehr oder weniger impulsiv oder aktiv werden, und es kann die Fähigkeit, Entscheidungen mit unterschiedlichem Schwierigkeitsgrad zu treffen, aktivieren oder deaktivieren. Es gibt Hinweise darauf, dass ADHS eine genetische Komponente hat, da Eltern mit ADHS mit größerer Wahrscheinlichkeit Kinder mit ADHS haben, aber das genaue Gen oder die Gene sind unbekannt.

Umwelteinflüsse sind sehr umstritten, da die Daten weltweit unterschiedlich sind. Die Gründe dafür sind wahrscheinlich unterschiedliche Diagnosetechniken, die von verschiedenen Ärzten angewandt werden, Fehldiagnosen und die Tatsache, dass bestimmte Ethnien statistisch gesehen eher eine ADHS-Diagnose anstreben als andere. Der Zugang zu angemessener Unterstützung und Betreuung für Personen, bei denen der Verdacht besteht, dass sie an ADHS leiden, ist ebenfalls ein wichtiger Faktor, da psychiatrische Dienste und die zur Behandlung von ADHS verwendeten Medikamente in der Regel teuer sind. Abgesehen von möglichen Verbindungen zu sozioökonomischen Umständen gibt es bisher keine schlüssigen Beweise dafür, dass ein bestimmtes Umfeld ADHS eher verursacht als ein anderes.

Die einzige Möglichkeit, ADHS zu diagnostizieren, besteht derzeit in der Befragung des Betroffenen, der Befragung seiner Angehörigen und der Beobachtung seines Verhaltens, da es keine Biomarker (Hormone, Chemikalien oder andere messbare Faktoren, die natürlich im Körper vorkommen) gibt, die auf ADHS getestet werden können.

## Störungen, die nicht mit ADHS zu verwechseln sind

- oppositionelle Trotzstörung

- intermittierende explosive Störung

- andere Störungen der neurologischen Entwicklung

- spezifische Lernstörung

- intellektuelle Entwicklungsstörung

- Autismus-Spektrum-Störung

- reaktive Bindungsstörung

- Angststörungen

- Posttraumatische Belastungsstörung (manchmal auch posttraumatisches Stresssyndrom genannt)

- depressive Störungen

- bipolare Störung

- Störung der Stimmungsregulierung

- Substanzkonsumstörungen

- Persönlichkeitsstörungen

- psychotische Störungen

- medikamenteninduzierte Symptome ähnlich wie bei ADHS

- neurokognitive Störungen

## Wer kann ADHS diagnostizieren?

Eine medizinische Fachkraft wie ein Psychologe, ein Psychiater oder ein Arzt kann bei Patienten mit ADHS eine Diagnose stellen. Es wird empfohlen, jemanden aufzusuchen, der auf ADHS spezialisiert ist oder Erfahrung in der Arbeit mit Menschen mit ADHS hat, um eine Diagnose zu erhalten, da es zu Fehldiagnosen kommen kann, wenn die Symptome verschiedener psychischer Erkrankungen ähnlich sind und sich überschneiden.

## Komorbiditäten

Bei Menschen mit ADHS ist die Wahrscheinlichkeit groß, dass sie sekundäre Probleme entwickeln, die in Kapitel 3 ausführlicher behandelt werden. Diese sekundären Probleme werden als Komorbiditäten bezeichnet und umfassen die folgenden:

- Substanzkonsumstörungen

- Persönlichkeitsstörungen

- oppositionelle Trotzstörung

- Autismus-Spektrum-Störung

- Angststörungen

- schwere depressive Störung

- Zwangsneurose

- intermittierende explosive Störung

- Schlafstörungen

- größeres Risiko für gefährliches Verhalten und Unfälle

Obwohl bei Jungen häufiger ADHS diagnostiziert wird, ist die Wahrscheinlichkeit höher, dass bei Mädchen mit ADHS eine Komorbidität vorliegt.

# ICD-11

Das *ICD-11* und das *DSM-V-TR* stimmen in der Regel in Bezug auf die Bezeichnung, die Symptome und die Subtypen von ADHS überein. Der Hauptunterschied besteht darin, dass *die ICD-11* zwei zusätzliche Subtypen für Personen vorsieht, die keinem der ersten drei Subtypen entsprechen. Bei den beiden zusätzlichen Subtypen handelt es sich um "ADHS mit anderer spezifizierter Präsentation", bei der der Diagnostiker die Symptompräsentation des Patienten beschreibt, und um "ADHS mit unspezifizierter Präsentation", bei der der Diagnostiker keine Beschreibung der Symptompräsentation des Patienten angibt.

# Andere Diagnosetools

Zu den zusätzlichen Diagnoseinstrumenten, die den Fachleuten im Gesundheitswesen helfen können, gehören in erster Linie Fragebögen, die Eltern, Lehrer und Personen, die vermuten, dass sie ADHS haben, ausfüllen können. Einige dieser Fragebögen sind:

- die ADHS-Ratingskala (ADHD-RS) - ein Fragebogen auf der Grundlage des *DSM-V*, der von Eltern oder Lehrern ausgefüllt werden kann und aus 18-90 Fragen besteht, die das Verhalten des Kindes in den letzten sechs Monaten bewerten; dieser Fragebogen ist für Kinder im Alter von 5 bis 17 Jahren geeignet.

- die Vanderbilt ADHD diagnostic rating scale (VADRS) - ein Fragebogen, der das Verhalten und die schulischen Leistungen von Kindern im Alter von 6 bis 12 Jahren bewertet; die Elternversion besteht aus 55 Fragen und die Lehrerversion aus 26 Fragen. Höhere Punktzahlen deuten darauf hin, dass möglicherweise ADHS vorliegt.

- die Conners' Rating Scales - diese Fragebögen ermitteln die sozialen Auswirkungen von ADHS, insbesondere in der Schule oder am Arbeitsplatz. Die Conners' Parenting Rating Scales (CPRS) werden von den Eltern der Kinder ausgefüllt, und die Conners' Adult ADHD Ratings (CAARS) sind ein selbst ausgefüllter Fragebogen.

- ein diagnostisches Interview für ADHS bei Erwachsenen (DIVA) - ein halbstrukturiertes Interview, das auf den Kriterien des *DSM-IV* basiert und die ADHS-Symptome in fünf Dimensionen bewertet: soziale Kontakte, Hobbys, Bildung, Arbeit und Selbstvertrauen.

- die ADHS-Selbstberichtsskala für Erwachsene (Adult ADHD Self-Report Scale, ASRS) - ein Fragebogen, der von der WHO entwickelt wurde und aus 18 Fragen besteht, mit denen Erwachsene ihre eigenen Symptome bewerten können.

- das Minnesota Multiphasic Personality Inventory-2 (MMPI-2) - ein recht umfangreicher Fragebogen mit 567 Fragen, die mit "Richtig" oder "Falsch" beantwortet werden müssen und auch Angststörungen, Depressionen und Psychopathie erfassen.

• die Social Responsiveness Scale (SRS) - ein 65 Fragen umfassender Fragebogen für Kinder zwischen 4 und 18 Jahren, der dazu dient, die Diagnose einer Autismus-Spektrum-Störung auszuschließen.

Mit Hilfe der Elektroenzephalographie (EEG), einer Methode zur Messung der elektrischen Aktivität im Gehirn und der Geschwindigkeit, mit der die Gehirnaktivität abläuft, konnte ADHS bisher nicht genau vorhergesagt oder diagnostiziert werden.

Das maschinelle Lernen befindet sich derzeit in einem frühen Stadium der Forschung und Entwicklung, um die Diagnose von ADHS zu unterstützen. Die Idee ist, den Fachleuten im Gesundheitswesen durch den Einsatz computergestützter, automatisierter Methoden einen Teil der Last der Diagnose abzunehmen. Bislang erfordert das maschinelle Lernen noch manuelle Eingaben, aber das Ziel ist, dass diese Systeme irgendwann in der Lage sind, aus bereits vorhandenen Eingabedaten zu lernen, um den Prozess schließlich zu automatisieren.

Bewegungsdaten sind ein weiteres Diagnoseinstrument, das derzeit erforscht und entwickelt wird; es bewertet die Aktivität durch Aktigraphie - eine Messung des effizienten Schlafs - und durch einen Beschleunigungsmesser, ein Gerät, das den Umfang der täglichen Aktivität sowie die körperliche Aktivität im Schlaf misst. Patienten mit ADHS neigen dazu, sich im Schlaf mehr zu bewegen als Personen in der Kontrollgruppe, was zu dem Symptom der Tagesschläfrigkeit beitragen könnte, das bei einigen Menschen mit ADHS auftritt.

Die Forschung und das Verständnis von ADHS nehmen weiter zu und werden hoffentlich zu verbesserten Diagnosetechniken führen, damit Menschen mit ADHS die angemessene Behandlung erhalten, die sie brauchen und verdienen.

## Die wichtigsten Theorien über die Ursachen von ADHS

Es gibt einige Haupttheorien zu den möglichen Ursachen von ADHS: Genetik, Veränderungen der Gehirnstruktur und -konnektivität, die Umwelt und sogar eine eher philosophische Erklärung.

## Genetik

Die meisten wissenschaftlichen Erkenntnisse deuten darauf hin, dass die Ursache von ADHS in der Genetik liegt. Spezifische Gene, die von Interesse sind, wurden noch nicht identifiziert, aber die Tatsache, dass Erwachsene mit ADHS mit größerer Wahrscheinlichkeit Kinder mit ADHS haben, deutet auf eine gewisse Vererbbarkeit hin. Es ist sehr wahrscheinlich, dass mehrere Gene dafür verantwortlich sind und nicht ein einzelnes Gen die Ursache ist. Auch die rückwirkende Diagnose von Fallstudien deutet darauf hin, dass es ADHS schon seit langem gibt. Die Entwicklungen in den verschiedenen Bereichen der Psychiatrie sowie verbesserte Diagnosetechniken haben es den Angehörigen der Gesundheitsberufe ermöglicht, Menschen mit ADHS mit größerer Genauigkeit zu identifizieren.

## Eine Störung der Konnektivität und Struktur des Gehirns

Zwei Argumente sprechen dafür, dass ADHS durch eine schlechte Konnektivität zwischen den Hirnregionen verursacht wird, nämlich dass es sich entweder um eine Hyperkonnektivität oder eine Hypokonnektivität handelt. Mit anderen Worten, Nachrichten werden entweder zu schnell oder zu langsam zwischen Teilen des Gehirns transportiert.

Das Default Mode Network (DMN), das für Tagträume und irrelevante Prozesse verantwortlich ist, ist von besonderem Interesse. Im neurotypischen Gehirn ist das DMN aktiver, wenn nicht viel Konzentration erforderlich ist, und weniger aktiv, wenn eine schwierige Aufgabe erfüllt werden muss oder die Person sich stärker konzentrieren muss. Da sich Menschen mit ADHS leichter ablenken lassen und Schwierigkeiten haben, sich zu konzentrieren, ist das DMN für die Wissenschaft von großem Interesse geworden.

Es gibt weitere, ständig laufende Netzwerke und Prozesse, die das normale Funktionieren des Körpers gewährleisten, wobei einige Teile je nach aktuellem Bedarf aktiver sind als andere. Eine Störung zwischen diesen Regionen könnte zu den für ADHS typischen Symptomen führen.

In Anbetracht der Wirksamkeit von Methylphenidat bei der Behandlung von ADHS (mehr dazu in Kapitel 4) ist die Wahrscheinlichkeit groß, dass Dopamin und Noradrenalin an den ADHS-Symptomen beteiligt sind. Dopamin ist für die Entscheidungsfindung, belohnungsbasiertes Verhalten, positives Lernen und motorische Koordination verantwortlich, was viele der Symptome von ADHS, insbesondere Impulsivität, erklären könnte. Noradrenalin spielt ebenfalls eine Rolle bei der motorischen Koordination, insbesondere bei der Vorbereitung des Körpers auf Handlungen.

Funktionelle Magnetresonanztomographien (fMRI) des Gehirns haben im Laufe der Jahre widersprüchliche Ergebnisse geliefert. Einige Studien berichten über ein verringertes Volumen der weißen Substanz bei Kindern mit ADHS, während andere Studien keine strukturellen Unterschiede feststellen.

Die Wissenschaftler vermuten, dass diese Unterschiede auf strukturelle Unterschiede zwischen den verschiedenen ADHS-Typen zurückzuführen sein könnten; weitere Untersuchungen sind jedoch erforderlich.

## Die Umwelt

Es gibt weniger Belege dafür, dass die Umwelt eines Menschen zur Entwicklung von ADHS führen kann, und daher ist dies eine weniger akzeptierte Erklärung. Die Umweltfaktoren, die im Zusammenhang mit ADHS am meisten Aufmerksamkeit erregt haben, sind:

- ob die Mutter während der Schwangerschaft Alkohol getrunken oder geraucht hat.

- Exposition gegenüber toxischen Substanzen in der frühen Kindheit, wie Insektizide oder Blei.

- niedriges Geburtsgewicht.

- Hirnverletzung. Diese Theorie ist jedoch sehr umstritten, denn obwohl man zunächst annahm, dass ADHS durch eine Hirnverletzung verursacht wird, sind die meisten Psychiater inzwischen dazu übergegangen, eine Funktionsstörung der Hirnregionen zu berücksichtigen.

- Lebensmittelallergien, künstliche Farbstoffe und MNG.

- niedriger sozioökonomischer Hintergrund.

## Eine philosophische Erläuterung

Es wird vermutet, dass ADHS ein Überbleibsel aus der Zeit ist, als die Menschen noch aktiv jagten und sich vor Raubtieren und anderen Menschen schützen mussten. Mit der Entwicklung der landwirtschaftlichen Techniken sank der Bedarf an äußerst wachsamen und aktiven Jägern, während der Bedarf an geduldigen, umsichtigen Landwirten stieg. Menschen mit ADHS sind also einfach diejenigen, die mit den unangepassten Fähigkeiten der Jäger unserer Vorfahren geboren wurden. Ob daran etwas Wahres dran ist, sei dahingestellt, aber es bleibt eine interessante Theorie.

# KAPITEL 3: DIE AUSWIRKUNGEN VON ADHS AUF DAS TÄGLICHE LEBEN

In der modernen Welt wird viel Wert auf hohe akademische Leistungen, eine Hochschulausbildung und eine bestimmte Vorstellung davon gelegt, was eine "gute" und "erfolgreiche" Karriere ist. Zu den Vorstellungen von "normalem" und "akzeptablem" Verhalten gehört eine Person, die kontaktfreudig ist, die hart arbeitet, ohne sich zu beschweren, die gute akademische und sportliche Leistungen erbringt und die über starke Führungsqualitäten verfügt. Die Welt von heute ist eine Welt, die von und für neurotypische Menschen geschaffen wurde, und trotz des gestiegenen Bewusstseins für psychische Gesundheit und des Engagements für Menschen mit psychischen Erkrankungen ist es noch ein weiter Weg in Bezug auf Akzeptanz und Flexibilität, um diesen Menschen entgegenzukommen, insbesondere im Bildungs- und Arbeitsbereich.

Glücklicherweise haben sich die Behandlungsstrategien, einschließlich therapeutischer und medikamentöser Ansätze, im Vergleich zu den psychiatrischen Ansätzen des 18., 19. und 20. Jahrhunderts erheblich weiterentwickelt, so dass es für neurodiverse Menschen leichter ist, mit ihren Erkrankungen umzugehen und die Auswirkungen ihrer Symptome auf das Alltagsleben zu verringern.

Aufgrund der polarisierenden Meinungen über ADHS gibt es noch Raum für Verbesserungen und Wachstum, damit Menschen mit ADHS nicht nur akzeptiert werden, sondern auch die richtige Unterstützung erhalten, die sie brauchen.

## ADHS im Kindesalter

ADHS ist eine neurologische Entwicklungsstörung und als solche treten die Symptome bereits in der frühen Kindheit auf, obwohl sie in der Regel erst bei der Einschulung eines Kindes bemerkt werden. In der Schule wird in der Regel mehr Druck auf das Kind ausgeübt, um aufmerksam zu sein, still zu sitzen und zum ersten Mal "Leistung" zu bringen. Sie sind nun auch mit einer anderen Art von sozialer Situation konfrontiert, in der Spielen und lautes Verhalten nicht immer akzeptabel sind.

Wildes Verhalten bei Kleinkindern wird aufgrund der Entwicklungsphase, in der sich die Kinder zu dieser Zeit befinden, eher toleriert und akzeptiert. Für ein Kleinkind ist es normal, laut zu sein, herumzurennen und sich aufzuspielen. Aber sobald sie diese Entwicklungsphase hinter sich gelassen haben, wird es nicht mehr als normal angesehen, vor allem, wenn dieses Verhalten immer wieder auftritt.

Für die meisten Jungen unter 12 oder 13 Jahren gilt ein gewisses Maß an ungestümem und "wildem" Verhalten als normal. Mädchen im gleichen Alter sind in der Regel etwas ruhiger und "wohlerzogener". Was als schlechtes Benehmen empfunden wird, ist höchst subjektiv, da sich viele der Normen und sozialen Konstruktionen der 1950er Jahre bis heute erhalten haben. Ein Junge, der herumrennt und viel Lärm macht, wird von vielen immer noch als "schlechtes" oder "schlechtes Benehmen" angesehen, obwohl er nicht unbedingt sich selbst oder anderen Schaden zufügt. Ich bin jedoch nicht hier, um über die Moral der modernen Gesellschaft und unserer Glaubenssysteme zu diskutieren.

Die meisten Kinder eines bestimmten Alters ziehen es vor, herumzurennen und zu spielen, aber in der Schule wird von ihnen erwartet, dass sie stillsitzen und über lange Zeiträume hinweg aufmerksam sind. Die meisten Kinder lernen, sich diesen Erwartungen anzupassen, was ein wichtiger Teil der menschlichen Psyche ist, um sich "einzufügen", aber was ist mit den Kindern, die Schwierigkeiten haben, ihr eigenes Verhalten zu kontrollieren? Sie haben nicht unbedingt die Absicht, böse zu sein oder zu stören. Da sie für ihr Verhalten oft diszipliniert und kritisiert werden, lernen sie bald, sich für ihre Handlungen schuldig zu fühlen, können sie aber trotzdem nicht aufhören. Dies kann dazu führen, dass viele Kinder mit ADHS schon in jungen Jahren Probleme mit ihrem Selbstwertgefühl, Ängste und sogar Depressionen entwickeln, weil sie trotz aller Bemühungen einfach nicht "gut genug sind, um dazuzugehören".

Die Lehrer sind daran nicht ganz unschuldig, denn die Eltern verlangen zunehmend, dass die Schulen dafür verantwortlich sind, ihren Kindern Manieren beizubringen und sie zu disziplinieren. Leider ist das Bildungssystem zu schlecht ausgestattet und personell unterbesetzt, um sich um die nicht-akademischen Bedürfnisse jedes einzelnen Kindes zu kümmern, so dass es den Lehrern schwer fällt, mit "Problemkindern" umzugehen, wenn sie mit einem Klassenzimmer voller Kinder konfrontiert sind und sich durch immer umfangreichere Lehrpläne kämpfen müssen. Es ist viel einfacher, schwierige Schüler zu "kontrollieren" und zu versuchen, sie zu zwingen, sich einem System anzupassen, das für neurotypische Schüler konzipiert ist, als das System zu verbiegen, um ihnen entgegenzukommen.

Hinzu kommt, dass die Art und Weise, wie das Bildungssystem heute gestaltet ist, in der von Kindern verlangt wird, dass sie große Mengen an Informationen auswendig lernen und diese Informationen in Tests und Prüfungen anwenden, während gleichzeitig von ihnen erwartet wird, dass sie Sport treiben und mindestens eine kulturelle Aktivität wie das Spielen eines Musikinstruments ausüben, kein Wunder, dass sogar das durchschnittliche neurotypische Kind Schwierigkeiten hat. Wenn ein Kind, das ohnehin schon benachteiligt ist, stundenlang stillsitzen, sich ständig konzentrieren und alle möglichen Informationen auswendig lernen muss, die nicht unbedingt interessant sind, wird es sich im akademischen Umfeld natürlich noch mehr anstrengen.

Ein Kind mit ADHS ist nicht unintelligent. In einer Umgebung, in der seine natürlichen Interessen und Talente gefördert werden, kann ein Kind mit ADHS sogar genauso gute Leistungen erbringen wie ein neurotypisches Kind in einer normalen Schule. Leider können es sich nicht alle Eltern von Kindern mit ADHS leisten, ihre Kinder auf diese Art von Spezialschulen zu schicken, und solche Schulen gibt es nicht in allen Gegenden.

Leider werden Kinder mit ADHS aufgrund der Betonung hoher akademischer Leistungen als weniger wahrscheinlich angesehen, später im Leben "erfolgreich" zu sein, da die Aufnahme in ein College oft gute Noten voraussetzt. Erfolg wird immer noch weitgehend an sozialem Status und finanziellem Einkommen gemessen. Im Zuge des aktuellen Trends wird jedoch das Wohlbefinden - einschließlich des allgemeinen Glücks, der Zufriedenheit und der Fähigkeit, unabhängig zu funktionieren - zunehmend als Maßstab für den Erfolg akzeptiert.

Was das soziale Verhalten betrifft, so kann es für Kinder mit ADHS schwieriger sein, Freunde zu finden und zu halten, da ihr Verhalten manchmal unbeabsichtigt als egoistisch oder unhöflich angesehen werden kann. Die Wahrnehmung dessen, was in bestimmten sozialen Umfeldern als normal gilt, beeinflusst auch, wie Kinder andere wahrnehmen, die "anders" sind. In einem toleranten und akzeptierenden Umfeld ist es weniger wahrscheinlich, dass Kinder mit ADHS ausgegrenzt werden, und tatsächlich kann ihre übermäßig ausdrucksstarke und spielerische Art ihnen helfen, Freunde zu finden, weil "ihre Spiele mehr Spaß machen". Wird ein Kind mit ADHS jedoch als "das böse Kind" abgestempelt, nehmen die anderen Kinder dies unbewusst auf und behandeln es auch so. Das Kind mit ADHS könnte um sich schlagen oder sich von anderen zurückziehen, und andere Kinder könnten es meiden.

Ein Kind mit ADHS nimmt wahr, dass es anders ist. Wenn es nicht richtig behandelt wird, kann dies zu Gefühlen der Isolation führen, die sich zu Ängsten und Depressionen oder zu problematischen Verhaltensweisen wie Gewaltausbrüchen oder Drogenmissbrauch entwickeln können. Aus diesem Grund ist es wichtig, dass Eltern Anzeichen von ADHS so früh wie möglich erkennen, ihr Kind diagnostizieren lassen und lernen, sensibel damit umzugehen, ohne zu versuchen, das Kind zu kontrollieren oder es zu zwingen, "normal" zu sein.

Einige Studien deuten darauf hin, dass etwa die Hälfte aller Kinder mit ADHS Probleme mit der Koordination und anderen körperlichen Aktivitäten hat. Dies könnte auf die impulsive Eigenschaft vieler Kinder mit ADHS zurückzuführen sein, insbesondere bei Jungen, die "handeln, bevor sie denken"; der Teil des Gehirns, der die Bewegung koordinieren sollte, muss die Bewegung selbst fast "einholen". Interessanterweise handelt es sich bei den meisten Kindern mit schlechter Koordination um Kinder mit unaufmerksamen ADHS-Typen. Der Grund dafür ist wahrscheinlich, dass sie einfach nicht auf ihre Bewegungen achten. Eine andere Theorie für die mangelnde motorische Koordination ist, dass es sich dabei um eine Komorbidität handelt, die Personen mit ADHS häufig entwickeln können. Diese schlechtere Koordination ist nicht unbedingt ein Grund zur Besorgnis, aber diese Kinder fallen eher um oder stoßen sich an Gegenständen; mit der richtigen Pflege können jedoch schwere Verletzungen verhindert werden.

## ADHS bei Teenagern

Die Teenagerjahre sind für viele von uns eine sehr schwierige Zeit im Leben. Biologische Veränderungen des Körpers und der Hormone können intensivere Emotionen, Gefühle der Verlegenheit, Selbstzweifel und ein geringeres Selbstvertrauen hervorrufen. Aufgrund ihrer emotionalen Anfälligkeit und ihres verstärkten Bedürfnisses, sich anzupassen und dazuzugehören, sind Teenager bereits anfälliger für die Entwicklung psychischer Probleme wie Angstzustände, Depressionen und Selbstmordgedanken. In dieser Zeit entwickeln sich auch die kognitiven Fähigkeiten und das logische Denken, was dazu führt, dass Teenager ein stärkeres soziales und politisches Bewusstsein entwickeln. Während wildes und hyperaktives Verhalten bei Kindern noch bis zu einem gewissen Grad entschuldigt werden kann, sind kindisches Verhalten und alles, was Aufmerksamkeit erregt, für Teenager eher inakzeptabel.

Die meisten Teenager tragen heute eine größere Verantwortung oder sehen sich in der Pflicht, gute schulische Leistungen zu erbringen, um an einer Hochschule aufgenommen zu werden. Der Erwerb eines Hochschulabschlusses ist in den Industrieländern zur Norm geworden und nimmt auch in den Entwicklungsländern zu. Hinzu kommt, dass viele Teenager ihre ersten Teilzeitjobs annehmen, mehr Verantwortung als Erwachsene übernehmen und unter großem sozialen Druck stehen.

Eine ADHS-Erkrankung, die bei Teenagern bereits das Gefühl hervorruft, nicht zu "den anderen" zu gehören, kann das Gefühl der Isolation verstärken und das Selbstwertgefühl verringern. Abgesehen von der üblichen Tendenz, schlechtere Leistungen in der Schule zu erbringen, Antworten zu verplappern, andere zu unterbrechen oder ungewollt unhöflich oder aggressiv zu sein, hat ADHS bei Jugendlichen oft einen großen Einfluss auf ihr Glück. Sie haben ein größeres Bedürfnis, "normal" zu erscheinen, indem sie die Symptome und die Behandlung verheimlichen und nicht als anders als ihre Freunde und Klassenkameraden angesehen werden wollen. Jugendliche mit ADHS sind unglaublich anfällig für Ablehnung durch Gleichaltrige und sogar Erwachsene wie Lehrer; sie sind auch eher besorgt darüber, wie ihre Handlungen und ihre Leistungen wahrgenommen werden.

Teenager mit ADHS neigen dazu, sich sehr anzustrengen, um "normal" zu erscheinen, indem sie beispielsweise darauf achten, nicht zu viel oder zu schnell zu reden und sich häufig zu entschuldigen, falls sie unabsichtlich eine Grenze überschritten haben. Dies kann zu verschiedenen Ergebnissen führen, z. B. dazu, dass der Teenager in seinem Bemühen, sich anzupassen, paradoxerweise noch weniger "normal" erscheint, dass er aufgrund seiner ständigen Bemühungen erschöpft ist, dass er zu Hause, wo er sich sicherer fühlt, wenn er er selbst ist, anfälliger für Gereiztheit und Emotionen ist, oder dass er weniger in der Lage ist, seine Aufmerksamkeit auf etwas anderes zu richten, als normal zu erscheinen.

Auf der anderen Seite gibt es Jugendliche mit ADHS, die das Gegenteil tun, indem sie das Verhalten, das sie von anderen unterscheidet, übertreiben, sich mehr aufführen und eine allgemein rebellische Haltung einnehmen. Dies ist ein Verteidigungsmechanismus, mit dem Jugendliche versuchen, die Kontrolle über das zu übernehmen, was sie als Außenseiter erscheinen lässt, und es quasi als Waffe gegen diejenigen einzusetzen, die sie beurteilen oder zurückweisen könnten. In gewissem Sinne zwingen sie sich die Ablehnung auf eine Weise auf, die sie kontrollieren können, anstatt den Schmerz der unerwarteten Ablehnung zu erfahren.

Für Jugendliche mit ADHS ist es schwierig, ihre Identität und ihr Selbstverständnis zu entwickeln, vor allem, wenn sie Schwierigkeiten haben, ihre ADHS-Diagnose zu akzeptieren und sich damit abzufinden. Dies wird auch stark von der Wahrnehmung von ADHS durch Gleichaltrige, Eltern und Lehrer beeinflusst. Wenn psychische Gesundheit im Allgemeinen weniger akzeptiert wird oder man nicht wirklich darüber spricht, versuchen Jugendliche eher, ihre psychischen Probleme zu verbergen, und haben Probleme mit der Selbstakzeptanz.

Jugendliche mit ADHS sind aufgrund der schlechten Impulskontrolle, die viele Menschen mit ADHS haben, anfälliger für Alkohol- und Drogenmissbrauch. Außerdem sind sie anfälliger für Gruppendruck, da sie bereits ein größeres Bedürfnis haben, zu beweisen, dass sie dazugehören. Sie sind auch stärker gefährdet, sich selbst zu verletzen, in Autounfälle zu verwickeln und riskante Verhaltensweisen an den Tag zu legen. Dies könnte auf Impulsivität, schlechte motorische Koordination oder ihre Anfälligkeit für Gruppenzwang zurückzuführen sein.

Jugendliche mit ADHS machen sich im Vergleich zu anderen Schülern mehr
Sorgen um ihre Zukunft, weil sie sich selbst als stärker benachteiligt empfinden.
Da es ihnen ohnehin schon schwerfällt, sich akademisch anzustrengen, müssen
sie sich noch mehr anstrengen, um gute Leistungen zu erbringen, und trotz dieser
Anstrengungen gelingt es ihnen oft nicht, Aufgaben zu erledigen oder aufmerksam zu sein. Wie ich bereits mehrfach erwähnt habe, befürchten viele Jugendliche
mit ADHS, dass sie niemals Erfolg haben werden oder dass sie nicht in der
Lage sein werden, den Erfolg aufrechtzuerhalten, weil es geistig so anstrengend
ist, mit neurotypischen Normen Schritt zu halten und sich ihnen anzupassen,
weil der allgemeine Konsens darin besteht, dass Erfolg bedeutet, aufs College
zu gehen, einen Abschluss zu machen und einen guten Job zu bekommen. Bei
vielen führt dies zu der Befürchtung, anderen, insbesondere der Familie, zur Last
zu fallen, wenn sie eines Tages nicht mehr für sich selbst sorgen können, sowie
zu der Befürchtung, dass sie nie unabhängig werden könnten. Viele Jugendliche
mit ADHS hoffen, eines Tages einen Arbeitsplatz mit flexiblen Arbeitszeiten zu
haben, der ihrem ADHS besser gerecht wird, aber sie haben Angst, einen solchen
Arbeitsplatz nicht zu finden.

Insgesamt steht die Mehrheit der Teenager mit ADHS einer medikamentösen
Behandlung ihrer ADHS positiv gegenüber, solange sie sie geheim halten können. Die Medikamente helfen ihnen, sich normaler zu fühlen und zu verhalten,
da sie im Allgemeinen die Schwere der ADHS-Symptome verringern und ihnen
helfen, sich in der Schule und im sozialen Umfeld zu konzentrieren. Dies führt
zu einem größeren Selbstvertrauen, auch wenn sie es vorziehen würden, keine
Medikamente einnehmen zu müssen.

## ADHS bei College-Studenten

Das College ist für die meisten jungen Erwachsenen oft das erste Mal, dass sie unabhängig sind und die volle Verantwortung für ihre Zeiteinteilung, das Kochen

und Putzen übernehmen müssen. Darüber hinaus müssen sie einen straffen Zeitplan für die Teilnahme am Unterricht, die Erledigung von Aufgaben, das Lernen für Prüfungen und - je nach Studienfach - die Teilnahme am praktischen Unterricht einhalten sowie soziale Kontakte pflegen und Zeit zum Kochen und Putzen finden.

Viele junge Erwachsene haben auf die eine oder andere Weise mit dem starken Druck des Studiums zu kämpfen, was zu einem schlechten Schlafrhythmus und viel Stress führt.

Studierende mit ADHS haben es je nach Studienfach und gewählter Universität oft noch schwerer. Einige Universitäten haben Unterstützungsprogramme für neurodivergente Studierende eingerichtet, um ihnen bei ihren akademischen Leistungen zu helfen. Studiengänge mit weniger intensiven Lehrplänen können für Studierende mit ADHS von Vorteil sein, da sie dadurch die Möglichkeit haben, ihre Zeit flexibler einzuteilen, was für Menschen mit ADHS in der Regel eine gute Option ist.

Andererseits neigen Schüler mit ADHS dazu, den Unterricht zu vergessen, zu spät zu kommen oder Probleme mit der Einhaltung von Abgabeterminen zu haben. Viele Menschen mit ADHS haben ein schlechtes Organisationstalent, so dass es schwierig ist, genügend Zeit für das Lernen und die Erledigung von Aufgaben zu finden, was oft dazu führt, dass sie ihre Arbeiten in letzter Minute fertigstellen, lernen oder einreichen. Schüler mit ADHS neigen deshalb dazu, weniger zu schlafen als andere Schüler, was wiederum andere Probleme wie Depressionen und ein erhöhtes Risiko, krank zu werden oder im Unterricht einzuschlafen, verursacht.

Bei Prüfungen haben Schüler mit ADHS entweder Schwierigkeiten, rechtzeitig fertig zu werden, weil sie sich nicht konzentrieren können, oder sie neigen dazu, die Fragen im Eiltempo zu bearbeiten, was zu Missverständnissen führen kann oder dazu, dass sie den Anweisungen nicht richtig folgen.

Eines der größten Probleme, mit denen Schüler mit ADHS konfrontiert sind, ist, dass sie aufgrund ihrer exekutiven Dysfunktion Schwierigkeiten haben, gesunde Essgewohnheiten beizubehalten. Das Kochen kann aus Motivationsgründen schwierig sein, aber auch wegen eines schlechten Zeitmanagements oder weil sie vergessen, Essen zu kaufen und zu kochen. Glücklicherweise gibt es an den meisten Universitäten ein Cafeteria-System, das das Kochen überflüssig macht, und die meisten Cafeterien bieten gesunde Optionen an.

Studenten mit ADHS neigen dazu, häufig das Studienfach zu wechseln und brechen häufiger das Studium ab.

Wie bereits im vorherigen Abschnitt über Jugendliche mit ADHS erwähnt, neigen Studenten mit ADHS eher zu Alkohol- und Drogenmissbrauch sowie zu riskantem Verhalten wie ungeschütztem Sex, Fahren unter Alkoholeinfluss oder gefährlichen Aktivitäten wie Extremsportarten.

## ADHS bei Erwachsenen

Lange Zeit glaubte man, dass Kinder aus ADHS herauswachsen, aber in den letzten Jahren hat die Forschung begonnen, sich auf ADHS bei Erwachsenen sowie auf das Phänomen des "Erwachsenen-ADHS" zu konzentrieren, bei dem Menschen erst im Erwachsenenalter diagnostiziert werden, da ihre Symptome in der Kindheit unbemerkt blieben. Dies ist eher bei Frauen der Fall.

Aufgrund der zunehmenden technologischen Entwicklung zur Automatisierung vieler Prozesse, die früher von Menschen erledigt wurden, gibt es einen immer kleiner werdenden Markt von Berufen, die körperliche Arbeit erfordern oder nicht in einem Büro stattfinden müssen. Kreative Berufe, z. B. in der Musik, der Kunst oder der Schauspielerei, haben ihre eigenen Risiken und sind mit weniger finanzieller Stabilität und Sicherheit verbunden. Die Mehrheit der erwachsenen Erwerbstätigen arbeitet also im Büro und am Computer. Zu den

Ausnahmen gehören natürlich viele medizinische Berufe sowie die Gastronomie und das Gastgewerbe.

In Anbetracht der hohen akademischen Anforderungen in medizinischen Berufen streben nicht sehr viele Menschen mit ADHS eine Karriere in diesem Bereich an, da ihre Symptome Schwierigkeiten bei der Einhaltung der hohen Standards verursachen. Das bedeutet nicht, dass es keine praktizierenden Ärzte, Krankenschwestern und Apotheker mit ADHS gibt.

Leider sind die meisten Berufe in der Gastronomie und im Hotel- und Gaststättengewerbe mit geringeren Löhnen verbunden (die Ausnahme sind natürlich hochqualifizierte Köche und Bäcker). Berufe, die mit körperlicher Arbeit verbunden sind, sind mit einem Stigma behaftet, da sie tendenziell als "Unterschicht" angesehen werden. Viele Menschen mit weniger handfesten Berufen haben zum Beispiel eine herablassende Einstellung gegenüber Reinigungskräften, Klempnern, Elektrikern und anderen ähnlichen Berufen.

Aufgrund des gesellschaftlichen Drucks, einen gut bezahlten Schreibtischjob zu bekommen, strebt die Mehrheit der Erwachsenen einen solchen an. Diese Arbeitsplätze sind jedoch nicht ADHS-freundlich. An solchen Arbeitsplätzen gelten oft starre Richtlinien und Regeln, z. B. strenge Bürozeiten, und es gibt wenig bis gar keine Gelegenheit, sich zu bewegen. Die Mitarbeiter stehen unter großem Stress, um schwierige Ziele zu erreichen, und es wird oft erwartet, dass sie unrealistische Leistungen erbringen.

Obwohl es Veränderungen gibt, passen nicht genug Arbeitgeber ihren Arbeitsplatz an, um flexibler und entgegenkommender für neurodiverse Arbeitnehmer zu sein.

Die meisten Unternehmen bezahlen ihre Angestellten nach der im Büro verbrachten Zeit und nicht nach der Qualität und Quantität der geleisteten Arbeit. Diese Praxis begann im 20. Jahrhundert und wird auch heute noch in vielen Unternehmen praktiziert. Obwohl Untersuchungen zeigen, dass flexiblere Arbeitszeiten und die Möglichkeit, von zu Hause aus zu arbeiten, die Produktivität steigern, befürchten viele Arbeitgeber, dass zu viel Nachsicht mit den Arbeitnehmern dazu führt, dass diese "nachlassen".

Menschen mit ADHS haben bis ins Erwachsenenalter hinein Schwierigkeiten, still zu sitzen, sich zu konzentrieren und Aufgaben innerhalb eines bestimmten Zeitrahmens zu erledigen. Ein lockererer Arbeitsplatz und flexible Arbeitszeiten nehmen einen Teil des Drucks von einem Erwachsenen mit ADHS und ermöglichen es ihm, innerhalb eines angemessenen Zeitplans produktiver zu sein, anstatt zu versuchen, einen bestimmten Zeitrahmen einzuhalten, um eine bestimmte Menge an Arbeit zu erledigen. Menschen mit ADHS können produktiv sein, wenn man ihnen entgegenkommt und ihnen die richtige Unterstützung bietet.

Erwachsene, deren ADHS in ihrer Kindheit und Jugend große soziale und akademische Schwierigkeiten verursacht hat, haben oft Schwierigkeiten, sinnvolle Beziehungen einzugehen, verfügen über ein geringes Selbstvertrauen und leiden häufig unter Begleiterkrankungen wie Angstzuständen und Depressionen. Obwohl hyperaktives Verhalten bei Erwachsenen nicht unbedingt zu beobachten ist, können sich diese Symptome in Form von Reizbarkeit, Unruhegefühlen, Zappeligkeit und Knieschlägen äußern. Erwachsene mit ADHS können auch als unhöflich, aggressiv oder unangemessen wahrgenommen werden, insbesondere wenn sie andere unterbrechen oder Dinge sagen, bevor sie nachgedacht haben, was am Arbeitsplatz zu Problemen führen kann. Auch im Büro kann es zu Ablenkungen kommen, über die die Betroffenen keine Kontrolle haben, was es ihnen erschwert, sich auf die Arbeit zu konzentrieren.

Aufgrund ihrer Symptome und wenn diese zu einem störenden Verhalten führen, neigen Erwachsene mit ADHS häufiger dazu, ihren Arbeitsplatz zu verlieren, und haben Schwierigkeiten, wieder eingestellt zu werden. Dies kann sich auch darin äußern, dass Erwachsene mit ADHS sich schnell an ihrem Arbeitsplatz langweilen und häufig den Arbeitsplatz wechseln oder neue Dinge ausprobieren. Wenn frühere schulische Leistungen aufgrund von ADHS-Symptomen schlecht waren, kann dies ebenfalls dazu führen, dass es für Erwachsene schwieriger wird, einen Arbeitsplatz zu finden oder flexibel zu wählen, wo sie arbeiten möchten.

Mit der COVID-19-Pandemie wurden an vielen Arbeitsplätzen Änderungen vorgenommen. Die Zahl der Unternehmen, die ihren Mitarbeitern die Möglichkeit geben, aus der Ferne zu arbeiten, hat zugenommen, was für die Mehrheit der neurodiversen Menschen eine willkommene Veränderung darstellt. Die kürzeren Pendelzeiten haben auch zu flexibleren Arbeitszeiten geführt, so dass die Menschen flexibler mit ihrer Zeit umgehen können. Natürlich ist die Fernarbeit nicht für jeden geeignet, aber diese Möglichkeit kann sich sehr positiv auf den Seelenfrieden neurodiverser Menschen auswirken, insbesondere auf Menschen mit ADHS. Die Kontrolle über den Arbeitsbereich, die Möglichkeit, ablenkende Reize auszuschalten und den Zeitplan selbst zu bestimmen, kann die Qualität und den Umfang der geleisteten Arbeit erheblich verbessern. Bei anderen Menschen mit ADHS hat die Abschaffung ihrer Routine den gegenteiligen Effekt gehabt. Um der Gefahr vorzubeugen, dass ein Erwachsener mit ADHS Aufgaben und Fristen vergisst, sind wöchentliche Kontrollbesuche und Fortschrittsberichte zusammen mit Erinnerungen eine Möglichkeit, sie auf dem richtigen Weg zu halten, ohne sie völlig zu kontrollieren oder einzuschränken. Was Erwachsene mit ADHS vor allem brauchen, ist ein verständnisvoller Arbeitgeber, der bereit ist, sich auf seine Mitarbeiter einzustellen und sie in angemessenem Rahmen zu unterstützen.

Ich habe bereits auf die Risiken hingewiesen, denen Menschen mit ADHS im Zusammenhang mit Drogen- und Alkoholmissbrauch ausgesetzt sind, daher möchte ich nur kurz erwähnen, dass dies im Erwachsenenalter beginnen oder bis ins Erwachsenenalter andauern kann.

Dank der zunehmenden Akzeptanz und des wachsenden Verständnisses für psychische Gesundheit wird die Stigmatisierung von psychischen Erkrankungen mit jeder Generation geringer. Dies wird hoffentlich zu einem radikalen Wandel am Arbeitsplatz führen, wo neurodiverse Menschen nicht mehr das Gefühl haben, sich anpassen zu müssen, um neurotypisch zu erscheinen, und wo sie die Unterstützung finden, die sie in einem Umfeld benötigen, in dem sie produktiv und erfolgreich sein können.

Wenn Sie mehr über ADHS bei Erwachsenen erfahren möchten, habe ich diesem Thema ein ganzes Buch gewidmet, das bei Amazon und vielen anderen Händlern erhältlich ist.

## Zum Mitnehmen

Obwohl ADHS das normale Alltagsleben stark beeinträchtigen kann, können diese Menschen mit der richtigen Unterstützung und dem richtigen Management gut gedeihen. Eine Person mit ADHS zu zwingen, sich zu ändern und sich neurotypischen Standards anzupassen, führt fast immer dazu, dass die Symptome schwieriger zu handhaben sind und schließlich zu noch ernsteren Problemen führen können. Wenn man sich auf Menschen mit ADHS und ihre Symptome einstellt (in einem vernünftigen Rahmen), kann man nicht nur Stress abbauen, sondern auch ihre allgemeine Funktionsfähigkeit verbessern. Die Diagnose ADHS ist weder ein Todesurteil noch etwas, wofür man sich schämen muss, vor allem heutzutage nicht mehr.

# KAPITEL 4: BEHANDLUNG UND MANAGEMENT

Gegenwärtig gibt es zwei offiziell zugelassene Ansätze zur Behandlung von ADHS: Therapie und Medikamente. Die besten Ergebnisse werden in der Regel mit einer Kombination aus beiden erzielt. Beide Methoden sind nach wie vor sehr umstritten, aber es liegt an der Person mit ADHS bzw. bei Kindern an den Eltern oder Erziehungsberechtigten, welcher Ansatz zu den besten Ergebnissen führt. Letztendlich besteht das Ziel der Behandlung darin, der Person zu helfen, so optimal wie möglich zu funktionieren.

## Medikation

## Stimulanzien

Seit den 1960er Jahren wird ADHS in erster Linie mit Methylphenidat, Methamphetamin oder deren Derivaten behandelt. Die bekanntesten Marken sind Ritalin und Concerta. Ungefähr 70 % der Menschen mit ADHS sprechen auf eine Behandlung mit Stimulanzien an. Die langfristigen Auswirkungen einer chronischen Einnahme von Stimulanzien sind leider noch nicht gut erforscht.

Die Verwendung von Methylphenidat, insbesondere von Ritalin, ist bei vielen Menschen sehr umstritten. Die Hauptbedenken der Gegner sind, dass Kindern

ein potenziell süchtig machendes Medikament mit unbekannten und möglicherweise gefährlichen Langzeitnebenwirkungen verabreicht wird. Weitere Kritik
richtet sich an die Pharmaunternehmen wegen ihrer aggressiven Marketingkam-
pagnen zum Verkauf von Methylphenidat. Manche glauben, dass ADHS von
den Pharmaunternehmen nur erfunden wurde, um mit dem Verkauf von Ritalin
Geld zu verdienen, und dass es ein Mittel zur sozialen Kontrolle ist. Eltern, deren
Kinder Ritalin eingenommen haben, haben sich besorgt über die Veränderungen
in der Persönlichkeit ihrer Kinder geäußert, da einige von ihnen stumpfsinnig,
unempfänglich und fast wie Zombies werden; es gibt auch Bedenken hinsichtlich
des Gewichtsverlusts.

Wie genau Stimulanzien zur Behandlung von ADHS wirken, wird noch erforscht. Ihre Funktion ist paradox, da sie bei Menschen ohne ADHS stim-
ulierend, bei Menschen mit ADHS aber scheinbar beruhigend wirken. Einer der
vorgeschlagenen Mechanismen ist, dass sie die Wiederaufnahme von Dopamin
und Noradrenalin blockieren. Sowohl Dopamin als auch Noradrenalin spielen
eine wichtige Rolle bei unserer Fähigkeit, uns zu konzentrieren und Aufgaben
auszuführen, und Dopamin spielt auch eine große Rolle bei unserem Motiva-
tionsgefühl. Man kann die Theorie aufstellen, dass der Grund für den gegenteiligen Effekt bei Menschen mit ADHS darin liegt, dass sie im Vergleich zu neurotypischen Personen weniger freies Dopamin und Noradrenalin zur Verfügung
haben, was zu einem normalisierenden Effekt führt. Neurotypische Personen
verfügen bereits über ein normal funktionierendes zentrales Nervensystem, weshalb die Blockierung der Wiederaufnahme von Dopamin und Noradrenalin zu
einer Erhöhung beider Werte führt, so dass die Einnahme von Stimulanzien eine
stimulierende Wirkung hat.

Leider hat Methylphenidat viele Nebenwirkungen, und bei langfristiger Einnahme müssen die Patienten überwacht werden, insbesondere ihre Herzfunktion und die Möglichkeit von Psychosesymptomen. Häufigere Nebenwirkungen
sind:

• Appetitlosigkeit

- trockener Mund

- Ängstlichkeit/erhöhte Nervosität

- Übelkeit

- Schlaflosigkeit

- Magenschmerzen

- Gewichtsabnahme

- Unruhe

- Reizbarkeit

- Ermüdung

- Schwindelgefühl

- Herzklopfen

- Änderungen des Blutdrucks

- Persönlichkeitsveränderungen (Kinder werden wie Zombies)

Je länger Methylphenidat eingenommen wird, desto größer ist die Wahrscheinlichkeit, dass Nebenwirkungen auftreten. Für Personen, die Methylphenidat chronisch einnehmen, kann es empfehlenswert sein, einen "Medikamenten-Urlaub" zu machen, bei dem sie die Einnahme des Medikaments an den Wochenenden oder, wenn es sich um ein Kind oder einen Jugendlichen handelt, in den Schulferien unterbrechen. Es ist jedoch ratsam, dies mit der Zustimmung und unter Anleitung eines Arztes zu tun.

Methylphenidat hat das Potenzial, süchtig zu machen. Es ist auch eine der am häufigsten missbrauchten Drogen, entweder wegen seiner appetitzügelnden Eigenschaften, die beim Abnehmen helfen können, oder weil es Studenten hilft, sich zu konzentrieren und länger zu lernen, oder sogar wegen seiner Verwendung als Freizeitdroge.

Methylphenidat wird nicht empfohlen für Patienten, die Monoaminoxidase-Hemmer (z. B. Nardil) einnehmen, oder für Patienten mit Herzerkrankungen, Glaukom und Angstzuständen.

## Nicht-Stimulanzien

Ob aus persönlicher Vorliebe, aus gesundheitlichen Gründen oder um das Suchtpotenzial von Stimulanzien zu vermeiden - nicht jeder kann oder will Stimulanzien zur Behandlung von ADHS einnehmen. Leider gibt es weniger Forschungsergebnisse über die Wirksamkeit von Nicht-Stimulanzien.

Derzeit verfügbare Nicht-Stimulanzien sind:

- Viloxazin (Qelbree): Dies ist ein selektiver Norepinephrin-Wiederaufnahmehemmer; er hat ähnliche Nebenwirkungen wie Methylphenidat, aber kein Suchtpotenzial, wahrscheinlich weil er keine Auswirkungen auf das dopaminerge System zu haben scheint, das bei der Sucht eine große Rolle spielt.

- Atomoxetin (Strattera): Es hemmt die Wiederaufnahme von Noradrenalin durch Blockierung der präsynaptischen Noradrenalin-Transporter; es hat ähnliche Nebenwirkungen wie Methylphenidat und kann Leberprobleme verursachen. Es hat nicht das gleiche Suchtpotenzial wie Methylphenidat. Es verbessert die Wachsamkeit, die Aufmerksamkeit und das Gedächtnis.

- Bupropion (Wellbutrin, Zyban): Dieses Medikament wird in der Regel bei Depressionen verschrieben. Es handelt sich um ein atypisches Antidepressivum, das die Wiederaufnahme von Noradrenalin und Dopamin hemmt und damit ähnliche Wirkungen wie Methylphenidat hat, aber nicht süchtig macht. Derzeit gibt es keine offiziellen Leitlinien, die Bupropion zur Behandlung von ADHS empfehlen. Außerdem ist zu beachten, dass es in Fällen, in denen Bupropion zur Behandlung von ADHS eingesetzt wird, mehrere Wochen dauern kann, bis sich eine Wirkung einstellt.

- Guanfacin (Tenex): Dieser alpha-2-adrenerge Agonist wurde von der FDA als Behandlungsalternative für ADHS zugelassen. Aufgrund seiner Wirkungsweise besteht bei Guanfacin nicht das Risiko von Bluthochdruck wie bei den meisten anderen pharmazeutischen Optionen für ADHS. Es kann jedoch Schläfrigkeit, Müdigkeit, Reizbarkeit, Kopf- und Magenschmerzen verursachen.

- Clonidin (Catapres): Hierbei handelt es sich ebenfalls um einen alpha-2-adrenergen Agonisten, der in erster Linie zur Behandlung von Bluthochdruck eingesetzt wird, aber aus denselben Gründen wie Guanfacin auch zur Behandlung von ADHS verwendet werden kann. Clonidin wirkt am besten zusammen mit Methylphenidat, um der Nebenwirkung Schlaflosigkeit entgegenzuwirken.

## Therapie

Die Forschung zeigt, dass eine Therapie positive Ergebnisse für Menschen mit ADHS bringt und der empfohlene Behandlungsansatz für junge Kinder ist. Die Therapie kann viele Aspekte des Lebens einer Person mit ADHS umfassen, wie Schule, zwischenmenschliche Beziehungen, Familienbeziehungen und allgemeines Funktionieren.

Wenn Sie für sich oder Ihr Kind eine Therapie in Erwägung ziehen, sollten Sie sich an Fachleute wenden, die sich auf ADHS spezialisiert haben. Leider kann eine Therapie teuer sein, und einige Therapeuten und Psychiater haben lange Wartelisten. Davon sollten Sie sich jedoch nicht entmutigen lassen, denn es gibt viele Möglichkeiten.

## Kognitive Verhaltenstherapie (CBT)

Dies ist einer der häufigsten Therapieansätze und kann bei einer Vielzahl von psychischen Erkrankungen angewendet werden. Die Hauptphilosophie der CBT besteht darin, dass die meisten negativen Selbstwahrnehmungen und Symptome durch negative, auf sich selbst gerichtete Gedanken verursacht werden, die zu Problemen beim Funktionieren im Alltag führen. Die CBT wirkt, indem sie die Kognition im Laufe der Zeit verändert, d. h. verzerrte Überzeugungen in gesündere Denkmuster umwandelt und Fähigkeiten entwickelt, wie man in negativen Situationen reagieren kann. Dies wiederum führt zu einer besseren Emotionsregulierung, einem größeren Selbstvertrauen und einem stärkeren Selbstwertgefühl, was alles dazu beiträgt, dass eine Person im Alltag besser zurechtkommt.

Es werden auch Bewältigungsstrategien vermittelt, die den Menschen helfen, mit schwierigen Situationen umzugehen, und ungesunde Bewältigungsstrategien werden durch gesündere ersetzt. Beispiele dafür sind Zeichnen und Tagebuchschreiben, anstatt auf eine Wand einzuschlagen oder jemanden anzuschreien.

Die CBT besteht häufig aus sechs Phasen:

1. Psychologische Beurteilung: Dies geschieht in der Regel während des ersten Termins und dient dazu, alle Bedürfnisse des Patienten zu ermitteln.

2. Rekonzeptualisierung: Dies ist der Prozess, bei dem der Therapeut, Berater oder Psychiater damit beginnt, den Patienten anzuleiten, seine negativen Gedanken zu erkennen und zu ändern.

3. Erwerb von Fertigkeiten: In dieser Phase lernt der Patient angemessenere

Bewältigungsstrategien und wie er verzerrte Wahrnehmungen aufspüren und korrigieren kann.

4. Konsolidierung und Anwendung von Fertigkeiten: In diesem Prozess wird der Patient aufgefordert, seine Fähigkeiten in seinen normalen Alltagssituationen anzuwenden.

5. Pflege: Der Betreuer begleitet den Patienten weiterhin und bietet ihm Unterstützung an, während er seine Fortschritte verfolgt und mit möglichen Rückschlägen umgeht.

6. Nachbeurteilung nach der Behandlung: Sobald sowohl der Betreuer als auch der Patient mit den Fortschritten des Patienten zufrieden sind, sind regelmäßige Termine nicht mehr so notwendig. Der Betreuer überprüft, wie es dem Patienten geht und ob es zu einem Rückfall der negativen Wahrnehmung gekommen ist.

## Interpersonelle Psychotherapie (IPT)

Im Gegensatz zur CBT, die in der Regel ein langfristiger und kontinuierlicher Prozess ist, findet die IPT über einen begrenzten Zeitraum statt: 12-16 Wochen. Die IPT ist in ihrer Durchführung von der CBT beeinflusst, konzentriert sich aber stärker auf Bindungstheorien, persönliche Beziehungen und wichtige Lebensereignisse.

Die Bindungstheorie konzentriert sich auf die Beziehungen des Patienten zu anderen Menschen und darauf, ob diese Beziehungen gestört sind, während die interpersonelle Theorie sich auf die Kommunikation des Einzelnen und deren Auswirkungen auf seine Beziehungen konzentriert.

Bei ADHS ist die IPT am besten geeignet, wenn die Beziehungen zu der Person mit ADHS angespannt sind, wenn sie Schwierigkeiten hat, mit Veränderungen in ihrem Leben zurechtzukommen (z. B. beim Übergang zur High School oder zum College), oder wenn sie Schwierigkeiten hat, sinnvolle Beziehungen aufzubauen.

## Familientherapie

Wie der Name schon sagt, wird bei dieser Form der Therapie nicht nur der Betroffene selbst, sondern auch seine Familie einbezogen. Damit soll sichergestellt werden, dass die neurodiverse Person die Unterstützung erhält, die sie zu Hause braucht, indem die Familienmitglieder geschult und mit den besten Strategien für die Unterstützung und Interaktion mit ihrer geliebten Person ausgestattet werden.

Ziel ist es nicht nur, die Beziehungen innerhalb der Familie zu verbessern, sondern auch das Wohlergehen aller Familienmitglieder zu gewährleisten, nicht nur das der neurodiversen Person. Ein angemessenes Unterstützungsnetz verbessert die Fähigkeit einer Person mit ADHS, im Leben zu funktionieren und sich auszuzeichnen, erheblich.

Die Anzahl der Sitzungen und die Kombination der Familienmitglieder hängt von der jeweiligen Situation ab.

## Psychoedukation

Diese Form der Intervention wird in der Regel bei schweren Fällen von psychischen Erkrankungen angewandt. In vielerlei Hinsicht ähnelt sie der Familientherapie, bei der der Schwerpunkt auf der Vermittlung von Informationen über die diagnostizierte Erkrankung, in diesem Fall ADHS, liegt. Die medizinische Fachkraft, die die Sitzung leitet, informiert darüber, was zu erwarten ist und welche Behandlungsmöglichkeiten es gibt. Damit sollen Unterstützung und Verständnis geschaffen werden.

## Eltern-Management-Training (PMT)

Dabei handelt es sich um eine Form der Schulung, die Eltern darauf vorbereiten soll, mit ihren schwierigen Kindern umzugehen, und die auch vermitteln kann, wie sie ihr Kind mit ADHS richtig unterstützen können. PMT ist nur dann wirksam, wenn die Eltern bereit sind zu lernen und keine Vorurteile gegenüber psychischer Gesundheit oder Therapie haben.

PMT versucht, Eltern beizubringen, wie sie ihre Kinder durch positive Verstärkung disziplinieren können, indem sie gutes Verhalten belohnen. Sie werden ermutigt, jeweils ein einziges Verhalten als Schwerpunkt auszuwählen, und es wird ihnen beigebracht, wie sie es in kleinen Schritten angehen können. Außerdem wird den Eltern beigebracht, welche Verhaltensweisen sie vermeiden sollten, wie z. B. Schreien und Tadel, indem sie bessere Alternativen anbieten.

Darüber hinaus werden den Eltern Strategien vermittelt, wie sie ihren Kindern helfen können, ihr Selbstvertrauen zu stärken, und wie sie ihnen bei Schularbeiten und anderen Problemen, mit denen sie zu kämpfen haben, angemessen helfen können.

Dieses Training wird in der Regel von einem qualifizierten Therapeuten durchgeführt.

## Geschicklichkeitstraining

Es gibt verschiedene Therapiestrategien, um Menschen mit ADHS und ihren Angehörigen bestimmte Fähigkeiten beizubringen, damit sie besser funktionieren. Der Ansatz und die Art des Trainings hängen von der Person und ihren Bedürfnissen ab. Zu den Fertigkeiten, die Menschen mit ADHS vermittelt werden, gehören:

- Training sozialer Fertigkeiten - damit der Einzelne in der Lage ist, angemessener mit anderen zu interagieren und sich in einem sozialen Umfeld wohler zu fühlen.

- Verhaltenstraining: Menschen mit ADHS lernen, wie sie das durch ihre ADHS verursachte Verhalten besser bewältigen können.

- Organisationstraining: Da Menschen mit ADHS zu Vergesslichkeit und schlechtem Zeitmanagement neigen, werden ihnen Strategien beigebracht, die sie an wichtige Aktivitäten und Termine erinnern und ihnen helfen, den Überblick zu behalten. Glücklicherweise gibt es viele Apps, die Menschen dabei helfen können, ihr Leben zu organisieren.

## Behandlung von Komorbiditäten

Wie ich bereits erwähnt habe, besteht bei Menschen mit ADHS ein höheres Risiko für die Entwicklung von Komorbiditäten wie Angstzuständen, Depressionen, Persönlichkeitsstörungen und so weiter. Wenn die Komorbidität schwerwiegend ist und sich erheblich auf die Funktionsfähigkeit der Person auswirkt, sollte sie eine Diagnose beantragen. Die Therapiestrategien bleiben weitgehend gleich und können an die Bedürfnisse der Person angepasst werden; es gibt jedoch auch andere Medikamente zur Behandlung vieler komorbider Erkrankungen. Ich werde kurz auf die am häufigsten verwendeten Medikamente eingehen:

- Selektive Serotonin-Wiederaufnahmehemmer (SSRIs): Diese Medikamentenklasse ist die erste Therapielinie zur Behandlung der meisten psychischen Erkrankungen. Ihr genauer Mechanismus ist nicht bekannt; man nimmt jedoch an, dass sie die Wiederaufnahme von Serotonin im synaptischen Spalt blockieren, um sicherzustellen, dass dem Körper mehr Serotonin zur Verfügung steht. Sie werden im Allgemeinen bei Angststörungen, schweren depressiven Störungen und Zwangsstörungen verschrieben.

• Serotonin-Norepinephrin-Wiederaufnahmehemmer (SNRI): Diese Medikamente blockieren die Wiederaufnahme von Serotonin und Noradrenalin und werden in der Regel verschrieben, wenn SSRIs versagen.

• Antipsychotika: In extremeren Fällen können Antipsychotika verschrieben werden, um die Stimmung zu stabilisieren, wenn eine antidepressive Therapie allein nicht ausreicht. Typische Antipsychotika gehören zur älteren Generation von Medikamenten und sind mit stärkeren Nebenwirkungen und schlechterer Verträglichkeit verbunden. Atypische Antipsychotika sind die neuere Generation und haben nachweislich bessere Ergebnisse und Nebenwirkungen. Sie werden, wie der Name schon sagt, auch zur Behandlung psychotischer Symptome eingesetzt.

## Zusätzliche Strategien

Es versteht sich fast von selbst, dass eine gesunde Lebensweise die Stimmung und das allgemeine Funktionieren und Wohlbefinden verbessert. Bewegung verbessert nicht nur die Stimmung, sondern kann auch helfen, die Koordination und die motorische Kontrolle zu trainieren. Einige Studien behaupten, dass Bewegung die Konzentration und das Gedächtnis verbessern kann. Aerobic-Übungen sind besonders wertvoll.

Es gibt keine wissenschaftlichen Beweise dafür, dass speziell für Menschen mit ADHS entwickelte Diäten einen Unterschied machen, aber es müssen noch weitere Untersuchungen durchgeführt werden. Eine allgemein ausgewogene Ernährung und viel Wasser trinken sind für alle Menschen empfehlenswert, unabhängig davon, ob sie an ADHS leiden oder nicht.

# KAPITEL 5:
# UNTERSTÜTZUNG EINES
# GELIEBTEN MENSCHEN
# MIT ADHS

Wenn Sie jemanden kennen, bei dem ADHS diagnostiziert wurde, und Sie ihm so gut wie möglich helfen und ihn unterstützen möchten, ist dieses Kapitel für Sie bestimmt. Egal, ob Sie ein Elternteil, ein Geschwisterteil oder ein fürsorglicher Freund sind, dieses Kapitel enthält einige allgemeine Richtlinien, wie Sie jemandem mit ADHS helfen und Ihre Beziehung zu ihm verbessern können.

## Eltern und Erziehungsberechtigte

Die ersten Menschen, die von der ADHS eines Kindes betroffen sind, sind in der Regel die Eltern. Wenn bei Ihrem Kind ADHS diagnostiziert wird, kann das viele Emotionen und Ängste auslösen. Sie machen sich vielleicht Sorgen darüber, wie es sich in der Schule zurechtfindet, wie seine Noten sein werden und welche Auswirkungen es auf seine Zukunft haben wird. Das Wichtigste, was Sie als Eltern tun können, ist, für Ihr Kind da zu sein und ihm so viel Liebe, Fürsorge und Unterstützung zu geben, wie Sie können.

Das Erste, was Sie in Bezug auf Ihr Kind mit ADHS tun sollten, ist, es zu akzeptieren. Es kann nichts dafür, dass es ADHS hat, und es ist nicht Ihre Schuld oder die von anderen. Sich darüber aufzuregen, führt nur dazu, dass sich Ihr Kind abgelehnt fühlt, und kann seine Symptome verschlimmern.

Sie sollten versuchen, darauf zu achten, wann Ihr Kind sich absichtlich daneben benimmt und wann seine Handlungen durch sein ADHS verursacht werden. Das mag nicht einfach sein, aber wenn Sie Ihr Kind für jedes Verhalten, das als "schlecht" eingestuft wird, disziplinieren, kann es entweder rebellieren oder sich zurückziehen, und das kann sein Selbstvertrauen schwächen. Mangelnde Disziplin hingegen fördert unnötiges schlechtes Verhalten, Ausraster und Handlungen, die andere und sich selbst verletzen können. Versuchen Sie herauszufinden, welche Absicht hinter ihren Handlungen steckt.

Informieren Sie sich so gut wie möglich über ADHS, insbesondere über die spezielle Form von ADHS bei Ihrem Kind. Nehmen Sie an einer Therapie für sich und Ihr Kind teil, um auf die meisten Eventualitäten so gut wie möglich vorbereitet zu sein. Wenn Sie glauben, dass Medikamente notwendig sind, sprechen Sie mit den richtigen Ärzten und Spezialisten über deren Empfehlungen und beobachten Sie, wie Ihr Kind darauf anspricht.

Auch wenn es mit zunehmendem Alter schwieriger wird, bleiben Sie am Leben Ihres Kindes beteiligt und achten Sie darauf, dass Sie wissen, was in Ihrem Kind vorgeht. Verbringen Sie Zeit mit ihnen, auch wenn es nur darum geht, gemeinsam eine Fernsehsendung anzuschauen. Versuchen Sie, einen sicheren Raum zu schaffen, in dem es sich wohl fühlt, wenn es über seine Gefühle und Probleme sprechen kann. Tun Sie nicht so, als sei alles in Ordnung, und sprechen Sie offen über ihre ADHS-Diagnose und ihre Probleme. Melden Sie sich so oft, wie es für Sie beide angenehm ist (niemand mag überhebliche Eltern, also geben Sie Ihrem Kind Raum, wenn es darum bittet). Versuchen Sie, emotional neutral und offen zu sein, wenn Ihr Kind Sie um Hilfe bittet, denn wenn Sie wütend oder verärgert sind, können Sie nur noch mehr Öl ins Feuer gießen. Sie sind wahrscheinlich das Sicherheitsnetz und die wichtigste Stütze für Ihr Kind.

Erfahren Sie, wie sich ADHS auf Ihr Kind auswirkt. Jeder Mensch macht andere Erfahrungen, und jeder Mensch mit ADHS hat mit unterschiedlichen Aspekten zu kämpfen. Wenn Ihr Kind am meisten damit zu kämpfen hat, Freunde zu finden, sprechen Sie mit ihm darüber und versuchen Sie, ihm Hilfe anzubieten oder zu finden.

Versuchen Sie nach Möglichkeit, Ihr Kind in einer Schule anzumelden, die auf Kinder mit ADHS eingestellt ist. Sprechen Sie mit dem Schulleiter und den Lehrern über ADHS und versuchen Sie, einen Plan auszuarbeiten, der für Ihr Kind geeignet ist. Erkundigen Sie sich regelmäßig bei den Lehrern, wie es Ihrem Kind geht, falls es Ihnen zu Hause nicht immer alles erzählt.

Haben Sie das Gefühl, dass sie sich nie entscheiden können? Menschen mit ADHS neigen dazu, ihre Interessen schnell zu wechseln. Ihr Kind möchte vielleicht unbedingt Tennis ausprobieren, verliert aber innerhalb eines Monats das Interesse und möchte sich plötzlich an der Gitarre versuchen. Es ist wichtig, sie zu ermutigen, verschiedene Dinge auszuprobieren, ihnen aber auch Disziplin und den Wert von Engagement und Hingabe an eine einzige Aufgabe beizubringen. Geben Sie auch nicht zu viel Geld aus. Warten Sie ab, wie sich die Dinge entwickeln, bevor Sie Ihrem Sohn eine nagelneue Gitarre kaufen, nur weil er gerade eine Phase durchmacht.

Versuchen Sie, ihnen immer nur eine Sache auf einmal zu erklären. Kinder mit ADHS sind leicht überreizt und überfordert. Wenn Sie also etwas vermitteln wollen, tun Sie es in kleinen Schritten und seien Sie so geduldig wie möglich. Denken Sie daran, dass sie normalerweise nicht absichtlich schwierig sind. Wenn Sie Ihr Kind pünktlich zu einem Termin bringen müssen, planen Sie zusätzliche Zeit ein, wenn Sie wissen, dass Ihr Kind überfordert ist, wenn es gehetzt wird.

Sie müssen das nicht allein tun. Es gibt Selbsthilfegruppen und Hunderte von Online-Foren, in denen Sie sich mit anderen Eltern, die ebenfalls Kinder mit ADHS haben, austauschen und sie um Rat fragen können - oder sogar von Menschen mit ADHS selbst. Versuchen Sie nicht, einen Superhelden zu spielen.

Wenden Sie sich, wenn möglich, an Freunde oder Verwandte, die Ihnen helfen können, und informieren Sie sich über ADHS, um die beste Unterstützung für Sie und Ihr Kind zu finden.

## Partner

Alle Beziehungen erfordern Arbeit, und alle Beziehungen haben ihre leichten und ihre schwierigen Seiten. Eine Beziehung mit jemandem mit ADHS hat ihre ganz eigenen Herausforderungen und Vorteile. Das sollte Sie nicht abschrecken.

Wenn Sie bei Ihrem Partner oder Ihrer Partnerin ADHS-ähnliche Symptome feststellen, wie z. B. Vergesslichkeit, Zerstreutheit, unruhiges und zappeliges Verhalten, die Neigung, Dinge zu verlegen oder ohne nachzudenken zu sprechen, und er oder sie noch keine ADHS-Diagnose gestellt hat, fragen Sie ihn oder sie danach, wenn Sie sich gut genug verstehen und sich in einer vertrauensvollen Phase Ihrer Beziehung befinden. Wenn sie keine Diagnose erhalten haben, schlagen Sie ihnen vor, einen Fachmann aufzusuchen. Zwingen Sie sie nicht dazu; seien Sie freundlich und mitfühlend. Nicht jedem fällt es leicht, über psychische Probleme zu sprechen, oder sie kommen aus einem Umfeld, das eine Therapie ablehnt. Seien Sie so liebevoll und ermutigend wie möglich, dann werden sie hoffentlich die Entscheidung treffen, eine Therapie zu machen.

Wenn bei Ihrem Partner ADHS diagnostiziert wurde, fragen Sie sich vielleicht, was Sie mit dieser Information anfangen sollen. Am einfachsten ist es, wenn Sie die Diagnose akzeptieren und Ihren Partner nicht dafür verurteilen. Er wurde mit ADHS geboren und kann nichts dafür, dass er es hat. ADHS dauert ein Leben lang und kann nicht geheilt werden, aber es kann mit Therapie, Medikamenten oder beidem behandelt werden.

Informieren Sie sich so gut wie möglich über ADHS. Im Internet gibt es viele vertrauenswürdige Quellen über ADHS, in denen Sie sich mit den Symptomen und der Terminologie vertraut machen können. Fragen Sie Ihren Partner nach seinen Erfahrungen und Herausforderungen und wie er über sein ADHS denkt.

Erkennen Sie, wann es die ADHS-Symptome sind, die dazu führen, dass sie Fehler machen oder Sie ungewollt verletzen. Wenn sie z. B. wiederholt ihren Hochzeitstag vergessen oder Sie sie immer wieder daran erinnern müssen, ihre Schlüssel mitzunehmen, liegt das an der ADHS, nicht an ihnen. Menschen mit ADHS schämen sich oft sehr für ihre Symptome und dafür, wie sie auf andere wirken, und überkompensieren sie vielleicht, indem sie übertriebene Gesten der Zuneigung zeigen oder sich für alles entschuldigen. Wenn Ihr Partner Sie jedoch absichtlich verletzt und keine Verantwortung für seine Handlungen übernimmt, sollten Sie nicht zulassen, dass Ihre eigene psychische Gesundheit darunter leidet. Sie sind da, um ihn zu unterstützen und zu lieben, nicht um ihn zu korrigieren, seine Eltern zu sein oder als Sandsack zu dienen. Letzten Endes müssen sie die Verantwortung für ihren Zustand übernehmen.

Sie sind nicht faul. Manchmal kann eine exekutive Dysfunktion dazu führen, dass es unglaublich schwierig ist, selbst die einfachsten Aufgaben zu erledigen, z. B. Kleidung vom Boden aufzuheben. Dies ist wahrscheinlich auf eine Motivationsstörung zurückzuführen. Über dieses Problem wird bei Menschen mit ADHS selten gesprochen. Wenn dies der Fall ist, sollten Sie ihnen Zeit geben, um ihre "Festgefahrenheit" zu überwinden.

Ihr Partner hat vielleicht eine Million Hobbys und wechselt von einem zum anderen, wenn sich seine Aufmerksamkeit und Interessen ändern. Viele Menschen mit ADHS neigen dazu, zu überschätzen, wie lange neue Projekte dauern oder wie lange sie interessiert bleiben werden, und sind oft zu ungeduldig, um "klein anzufangen". Es ist in Ordnung, Hobbys zu haben - Sie sollten die Interessen Ihres Partners fördern -, aber behalten Sie sie im Auge und achten Sie darauf, dass er nicht zu viel Geld in etwas investiert, das vielleicht nur einen Monat lang hält.

Lernen Sie Organisations- und Kommunikationsstrategien, die Ihnen beiden helfen werden. Wenn sie zum Beispiel vergesslich sind, sollten Sie überall in Ihrem

Haus oder Ihrer Wohnung große, gut sichtbare Erinnerungszettel anbringen. Es gibt auch Apps, die Sie an wichtige Termine, Aufgaben und Daten erinnern können. Wenn Ihr Partner Schwierigkeiten hat, pünktlich zu sein, stellen Sie alle Ihre Uhren ein paar Minuten vor und planen Sie zusätzliche Zeit ein, um einen Puffer zu schaffen.

Finden Sie heraus, wo ihre Stärken liegen, und entwickeln Sie eine Routine, bei der ihre Stärken zur Geltung kommen, so dass Sie die Aufgaben in Situationen übernehmen können, in denen sie sich eher schwer tun. Wenn sie sich zum Beispiel mit dem Einkaufen schwer tun, aber gerne den Haushalt putzen, teilen Sie die Aufgaben entsprechend auf. Wenn Sie sich beide mit einer bestimmten Aufgabe schwer tun, z. B. mit dem Kochen, finden Sie gemeinsam einen Weg, damit es für Sie beide funktioniert.

Missverständnisse und Fehlkommunikation kommen selbst bei den neurotypischsten Paaren vor. Wenn das passiert, versuchen Sie, darüber zu lachen und weiterzumachen. Wenn Sie wegen etwas Unbeabsichtigtem einen Groll hegen, macht Sie das nur unglücklich und wirkt sich negativ auf Ihre Beziehung aus.

Wenn Ihr Partner dafür offen ist, gehen Sie gemeinsam zur Therapie. Sie können zusätzliche Strategien erlernen, die für Sie beide hilfreich sind und Ihre Beziehung stärken, und es ist eine zusätzliche Form der Unterstützung.

Am wichtigsten ist es, offen zu sein, miteinander zu reden, zuzuhören, Geduld und Verständnis aufzubringen.

## Freunde und Geschwister

Freunde und Geschwister können die meisten Tipps genauso gut gebrauchen wie Partner. Die Menge an Informationen, die ein Freund oder ein Geschwisterteil mit ADHS bereit ist, mit Ihnen zu teilen, kann im Vergleich zu einem Partner unterschiedlich sein, es hängt also von der Art der Beziehung ab.

Auch wenn Sie nicht zusammen wohnen, sollten Sie sich regelmäßig bei Ihren Freunden oder Geschwistern melden, um zu sehen, wie es ihnen geht. Vielleicht vergessen sie, sich zu melden, aber das heißt nicht, dass sie sich nicht um Sie kümmern. Viele Menschen mit ADHS sind schlecht darin, Briefe zu schreiben und auf Texte zu antworten.

Wenn Sie bemerken, dass Ihr Freund oder Geschwisterteil eine schwierige Zeit durchmacht oder mit einem bestimmten Aspekt von ADHS zu kämpfen hat, bieten Sie Unterstützung oder Hilfe an. Vielleicht können Sie ihnen etwas von ihrer Last abnehmen. Vielleicht haben sie aufgrund einer exekutiven Störung, die ihnen das Kochen erschwert, Schwierigkeiten, sich selbst zu ernähren. Bieten Sie ihnen an, ein paar Mahlzeiten für sie zu kochen oder sie am Wochenende zum Mittagessen einzuladen. Jede kleine Geste hilft. Wenn Sie nicht in der Lage sind, ihnen zu helfen, versuchen Sie, sie zu jemandem zu schicken, der es kann.

## Fremde

Allein anhand des Verhaltens eines Fremden können Sie vielleicht nicht erkennen, ob er ADHS hat oder nicht. Höflichkeit und die Fähigkeit, sich in die Lage anderer hineinzuversetzen, können sehr hilfreich sein. Urteilen Sie nicht unnötigerweise über jemanden aufgrund seines Verhaltens, denn Sie wissen nicht, was er durchmacht und womit er zu tun hat.

Eine Konfrontation ist unnötig, es sei denn, jemand hat absichtlich versucht, Ihnen zu schaden, oder Ihnen durch Fahrlässigkeit beinahe Schaden zugefügt. Überlegen Sie immer, ob das Verhalten der anderen Person wirklich Schaden anrichten wollte oder ob es sich um eine unbedeutende Unannehmlichkeit handelt, die unbeabsichtigt verursacht wurde.

Behandeln Sie andere mit Respekt und Freundlichkeit und gehen Sie weg, wenn sie diese Höflichkeit nicht erwidern. Seien Sie geduldig, wenn Sie bemerken, dass jemand Schwierigkeiten hat, und bieten Sie Hilfe oder sogar ein freundliches Wort an, wenn Sie es geben können.

# SCHLUSSFOLGERUNG

ADHS hat im Vergleich zu anderen psychischen Erkrankungen einen interessanten Weg hinter sich - von der Debatte über die Existenz der Krankheit bis hin zu ihrer umstrittenen Behandlung in Form von Ritalin. Die amerikanische Geschichte hat eine merkwürdige Rolle dabei gespielt, das Bewusstsein für ADHS zu schärfen, insbesondere während des Kalten Krieges und der Entschlossenheit der USA, eine Weltmacht zu bleiben. Auch wenn die Gründe dafür nicht unbedingt zugunsten derjenigen waren, die mit ADHS zu kämpfen haben, so führte dies doch zu einer verstärkten Erforschung von ADHS.

ADHS ist in den 1950er Jahren scheinbar aus dem Nichts aufgetaucht, aber das heißt nicht, dass es eine Erfindung ist. Wie bei anderen psychischen Störungen hat sich mit der Verbesserung der psychiatrischen Methoden und der Forschung auch unser Verständnis des menschlichen Gehirns und seiner Funktionsweise verbessert, was uns hilft, Menschen zu erkennen, die Probleme haben und womit sie zu kämpfen haben. Die Menschen sind nicht plötzlich kränker geworden; die Diagnose- und Behandlungstechniken haben sich einfach verbessert. In der nicht allzu fernen Vergangenheit wurde jeder, der nicht als "normal" galt, in eine Anstalt eingewiesen, wo er vom Rest der Gesellschaft ferngehalten wurde und keine "Last" darstellte. Alles wurde als eine Form des Wahnsinns eingestuft, und die damaligen Behandlungsstrategien waren nicht immer angemessen.

Glücklicherweise sind wir Menschen ständig auf der Suche, verbessern uns und wachsen.

Unabhängig von der öffentlichen Meinung über die Gültigkeit einer ADHS-Diagnose gibt es Menschen, die mit diesen Symptomen zu kämpfen haben, und viele von ihnen erhalten nicht die Behandlung und Unterstützung, die sie brauchen. Mit der veränderten Toleranz gegenüber psychischen Erkrankungen und der stärkeren Fokussierung der Gesellschaft auf die psychische Gesundheit ändert sich dies glücklicherweise, und die Welt macht allmählich Platz für die neurodiversen Menschen.

Obwohl ADHS das normale Funktionieren und die Beziehungen erheblich beeinträchtigen kann, gibt es Hoffnung. Mit Hilfe von Therapie und Medikamenten sowie dem Erlernen von Management- und Organisationsfähigkeiten können Menschen mit ADHS ein erfülltes Leben führen.

Wir müssen aufhören, Menschen mit ADHS zu zwingen, sich neurotypischer zu verhalten, und uns stattdessen darauf konzentrieren, wie wir ihnen helfen können, ihre natürlichen Stärken und Fähigkeiten zu nutzen. Wenn wir aufhören, Menschen mit ADHS zu dämonisieren, und anfangen, sie zu unterstützen, wird sich ihr Selbstbild ändern, und sie können ihrerseits einen Beitrag zur Gesellschaft leisten.

Es besteht ein eindeutiger Bedarf an mehr Forschung über die Ursachen von ADHS sowie an sichereren Behandlungsalternativen zu Stimulanzien. Außerdem ist das normale Bildungssystem nicht in der Lage, neurodiverse Kinder zu unterrichten, und ein flexibleres System muss das derzeitige veraltete ersetzen. Die Bildungssysteme brauchen auch mehr Mittel und Personal, das für den Umgang mit neurodiversen Kindern gerüstet ist. Nach einer weltweiten Pandemie, bei der viele Menschen keinen Zugang zu den üblichen Unterstützungs- und Hilfsquellen hatten, besteht auch ein eindeutiger Bedarf an effizienten therapeutischen und anderen Gesundheitsdiensten aus der Ferne, die entwickelt werden müssen.

Die öffentliche Meinung über ADHS kann sich nur ändern, wenn wir weiterhin aufklären und informieren und Überdiagnosen mit Hilfe von qualifizierten

Ärzten vermeiden. Eine bessere Diagnose von Mädchen mit ADHS ist ebenfalls notwendig, da viele unter dem Radar durchrutschen und nie diagnostiziert werden oder erst im Erwachsenenalter die Diagnose erhalten, obwohl sie schon viel früher die notwendige Unterstützung hätten erhalten können.

Und schließlich, an die Person mit ADHS, die dies liest: Es ist nicht Ihre Schuld, und Sie haben nichts falsch gemacht. ADHS ist nichts, was man verstecken muss oder wofür man sich schämen muss. Das Leben mit ADHS ist ein lebenslanger Lernprozess; manchmal ist es ein Schritt vorwärts und zwei Schritte zurück. Und das ist in Ordnung.

Wenn Sie glauben, dass Sie, ein Freund oder ein Familienmitglied ADHS haben könnte, lassen Sie sich diagnostizieren oder ermutigen Sie sie dazu! Und denken Sie daran: Seien Sie freundlich und geduldig mit sich selbst.

www.ingramcontent.com/pod-product-compliance
Lightning Source LLC
Chambersburg PA
CBHW070936120626
46546CB00004B/1435